História
da América
através de textos

Jaime Pinsky/Hector Bruit/Enrique Peregalli
Terezinha Fiorentino/Carla Bassanezi Pinsky
seleção, organização e introdução

Andrea Helena Altino/Jordano Quaglia Jr.
Maria Helena Carvalho/Paulo Borges/Sérgio Crês
colaboração

História
da América
através de textos

Textos
e
Documentos
4

editora**contexto**

Copyright© 1989 dos autores
Todos os direitos desta edição reservados à
Editora Contexto (Editora Pinsky Ltda.)

Coleção
Textos e Documentos

Projeto de capa
Ebe Christina Spadaccini

Composição
Veredas editorial/Texto & Arte Serviços Editoriais

Dados Internacionais de Catalogação na Publicação (CIP)
(Câmara Brasileira do Livro, SP, Brasil)

História da América através de textos / seleção, organização e
introdução Jaime Pinsky. [et. al.] – 11. ed., 4ª reimpressão. –
São Paulo: Contexto, 2025. (Coleção Textos e Documentos, v. 4).

Bibliografia.
ISBN 978-85-85134-43-3

1. América – Civilização. 2. América – História. I. Pinsky,
Jaime, 1939. II. Série.

89-0252	CDD-970

Índices para catálogo sistemático:
1. América: Civilização 970
2. América: História 970

2025

Editora Contexto
Diretor editorial: *Jaime Pinsky*

Rua Dr. José Elias, 520 – Alto da Lapa
05083-030 – São Paulo – SP
PABX: (11) 3832 5838
contato@editoracontexto.com.br
www.editoracontexto.com.br

Proibida a reprodução total ou parcial.
Os infratores serão processados na forma da lei.

SUMÁRIO

I – AS CIVILIZAÇÕES INDÍGENAS 11
  1. A unidade das altas culturas pré-colombianas.........................12
  2. Atividades agrícolas na América indígena...........................13
  3. Incas: quem manda, quem obedece.................................15
  4. A cultura entre os maias 18
  5. Tenochtitlán: a cidade asteca.....................................20

II – DESCOBRIMENTO E CONQUISTA 23
  6. "Suas maneiras são decentes e elogiáveis" 24
  7. O Novo Mundo e os descobrimentos 25
  8. Conquista e destruição: a procura do ouro 27
  9. A visão asteca da conquista 28

III – COLONIZADOS E COLONIZADORES 32
  10. Os europeus na América inglesa 33
  11. O velho tupinambá 35
  12. A convivência com os índios 36
  13. A carta do chefe Seattle 37

IV – AS AMÉRICAS COLONIAIS 42
  14. Bases da economia colonial 43
  15. Mineração e Demografia 45
  16. A colonização inglesa..47
  17. Os condenados da terra 50

V – EDUCAÇÃO, COSTUMES E RELIGIÃO 52
  18. Cartilha Real para os Jovens da Província do Paraguai 53
  19. O colégio de Harvard 54
  20. Vida e costumes no Altiplano Boliviano 57

21. Cena de Carnaval 58
22. Religião e Escravidão 59

VI – A FORMAÇÃO DOS ESTADOS NACIONAIS 62
23. A Guerra Civil na América 63
24. Índios e negros na independência 64
25. As Américas e o mundo 67
26. O dia seguinte 67

VII – A FORMAÇÃO DOS ESTADOS UNIDOS 70
27. Nova Inglaterra X Inglaterra 71
28, O processo de independência 71
29. A Constituição de 1787 73
30. A emancipação dos escravos 75

VIII– O MOVIMENTO MIGRATÓRIO 78
31. Quem imigrava? 79
32. Por que imigravam? 80
33. Como imigravam? 81
34. Fazendo a América 83
35. Vivendo a América 84

IX – A HERANÇA CULTURAL 86
36. As tendências culturais na história da América 87
37. O papel da cultura nas mudanças 89
38. Apesar de você 91
39. A cultura sob o impacto da tecnologia 93

X – MOVIMENTOS SOCIAIS 95
40. O imperialismo 96
41. Revolução Mexicana 97
42. Camponeses revolucionários 99
43. Cuba pré-revolucionária 101
44. Cuba revolucionária 103
45. Nicarágua armada 104

XI – O CAPITALISMO NAS AMÉRICAS 107
46. A caixa de Pandora 108
47. Os senhores de terra e o conservadorismo 111
48. A oligarquia liberal burguesa 113

49. Operários nas minas bolivianas 116
50. A alternativa socialista 118

XII – ESTADOS AUTORITÁRIOS 122
51. O Pinochetazo 122
52. Ditadura e fascismo 123
53. A Justiça Militar no Uruguai 126
54. Os *cuartelazos* na Bolívia 130

XIII – CULTURA E DOMINAÇÃO 133
55. Meios de comunicação e controle
do poder nos EUA 134
56. Cultura como mercadoria 135
57. A política cultural norte-americana
na América Latina 136
58. Cultura e dominação 139

XIV – O PENSAMENTO POLÍTICO 142
59. O movimento operário 143
60. O populismo 146
61. O trilateralismo e o capitalismo 147
62. Comunistas em ação: a luta armada no Brasil 150
63. Os jovens e a luta armada 151

XV – A REDEMOCRATIZAÇÃO FORMAL 154
64. Lento avanço: a conquista da democracia 155
65. Poder militar e democratização na Argentina 158
66. Ajuste de contas 159
67. "Loucos" e "coitados" se enfrentam 161
68. Uruguai na encruzilhada 163

XVI– DIREITOS HUMANOS 166
69. A sentença de Tupac Amaru 167
70. A violência dos conquistadores 168
71. A repressão no Brasil 170
72. Avós em busca dos netos 171
73. A noite dos lápis 172

INTRODUÇÃO

Este não é apenas um livro de textos. É uma proposta de curso de história da América através de textos, destinada a professores e alunos, tanto do ensino médio como do ensino superior.

O material foi organizado em duas etapas distintas. Uma equipe, trabalhando durante os anos de 1985 e 1986, montou uma edição experimental que foi publicada, com o mesmo título, pela Editora da UNICAMP, em fins de 1986.

Durante o ano de 1987, o livro foi utilizado por inúmeros professores do antigo 2º grau que nos trouxeram sua avaliação e a dos alunos. Verificou-se a qualidade e acessibilidade dos textos, sua sequência, a racionalidade dos capítulos, as carências, os excessos, as sugestões de trabalho, etc. Todas as observações foram consideradas pelo novo grupo de trabalho que se organizou. Muitas foram aceitas, alguns textos foram suprimidos, outros acrescentados, capítulos foram trocados, os questionários de final de capítulo substituídos por sugestões de atividades, mais dinâmicas e criativas. O livro, enfim, está aí. Discutido, questionado e testado. Sujeito a novas alterações, mas com uma feição definida, uma personalidade própria e uma postura metodológica clara, mas não dogmática – antidogmática, até.

A equipe

Sob nossa coordenação, trabalhou uma grande equipe formada por professores universitários, professores de ensino médio e alunos da UNICAMP. Foram reuniões de trabalho em que a escolha de cada texto era discutida em grupo, exaustivamente. O importante era eleger o mais adequado, tanto pelo conteúdo, quanto pela forma. Abandonamos muitos textos bons devido a sua complexidade formal; deixamos de lado outros, por sua banalidade evidente. Esperamos ter chegado a um compromisso razoável. A manutenção de alguns textos "difíceis" deveu-se à impossibilidade de substituí-los.

Sentimo-nos todos muito felizes com a publicação do livro e a possibilidade de sua utilização pelo país todo. Um dos grandes problemas da atividade universitária é a falta de diálogo de que ela se reveste. Muitos acadêmicos produzem apenas para dentro da universidade, evitando "contagiar" o seu saber com o cheiro do povo. Nós optamos pela interação e este livro é um fruto desse esforço.

O livro

A estrutura do livro é simples: são 16 capítulos – com aproximadamente quatro textos cada – uma introdução e algumas sugestões de atividades. Há uma certa ordem cronológica nos capítulos, mas não há uma necessidade de estudá-los nessa ordem, nem de estudá-los a todos. Dependendo do professor – e da classe – pode-se começar pelo último capítulo, ou pelo X. Cada texto poderá interessar mais ou menos, em função da especificidade da classe, da idade dos alunos, seus interesses, enfim. Seria útil, entretanto, a nosso ver, dar conta de todos os textos do capítulo que se estude, uma vez que textos isolados podem dar uma visão muito unilateral da problemática tratada.

O livro tem um compromisso com a ideia da "latinidad", uma preocupação com a América Latina, sua unidade e suas contradições, mas não pretende passar uma visão chauvinista de história. Trabalha com o conceito de processo histórico, mas não abandona a preocupação com o cotidiano do homem concreto.

Foi o melhor que pudemos fazer. Críticas, sugestões e (se houver) aplausos serão bem-vindos.

AS CIVILIZAÇÕES INDÍGENAS

Quando as embarcações de Colombo aportaram na América, de fato não a "descobriram", pois muita gente já vivia em nosso continente. O que de fato ocorreu foi a integração da América ao continente europeu, ou, mais exatamente, à sociedade mercantil. Há quem pense que essa integração foi um favor que os europeus "civilizados" prestaram aos indígenas "bárbaros". Isto não é verdade. As sociedades nativas eram socialmente muito complexas e desenvolvidas, como os textos deste capítulo irão mostrar e sua incorporação teve custos humanos imensos, graças a massacres cruéis perpetrados pelos cristãos "civilizados" da Europa.

O *texto 1* levanta a questão da superioridade/inferioridade de algumas culturas com relação a outras, especialmente no caso das chamadas "altas culturas pré-colombianas".

O *texto 2* mostra o elevado grau de sofisticação agrícola alcançado pelos incas e astecas, descrevendo algumas de suas técnicas e relacionando tudo isso à estrutura social desses povos.

O *texto 3* narra a relação de poder que caracterizou o Império inca. Ao contrário de vendedores de ilusão, que pretendem ver apenas o lado "bom" dos oprimidos, o texto mostra a violenta manipulação de poder feita pelo Inca e sua burocracia, em oposição ao camponês.

O *texto 4* descreve aspectos da civilização maia, falando de coisas do cotidiano, como habitação, vestimenta, ornamentos, etc. Gente como a gente, enfim.

O *texto 5* fala de Tenochtitlán, a capital do império asteca, que se levantava onde é hoje a Cidade do México e tinha, quando da chegada de Cortez, cerca de duzentos mil habitantes, uma metrópole para aqueles tempos.

1. A UNIDADE DAS ALTAS CULTURAS PRÉ-COLOMBIANAS

Entendemos por *Altas Culturas Pré-colombianas* as civilizações americanas localizadas no México atual, na região norte da América Central e na faixa que se estende desde a Colômbia até o Chile, acompanhando a orla marítima do oceano Pacífico.

Um observador atento poderá perceber de imediato que as regiões acima assinaladas como *Altas Culturas,* compreendendo respectivamente a Confederação Asteca, as Cidades-Estado maias e o Império inca, são zonas onde hoje impera o "subdesenvolvimento", enquanto a América de língua inglesa, localizada fora desse mapa, parece ter-se "desenvolvido". Por que o norte se desenvolveu e o sul se subdesenvolveu? Por que as regiões outrora mais "ricas" são hoje as mais pobres? Ou, por que as regiões antes mais "pobres" são hoje as mais poderosas economicamente?

A ideologia colonialista resolveu aparentemente o problema, remetendo-o ao estigma da inferioridade racial do índio americano e do negro escravo, à miscigenação racial, aos impedimentos geográficos e a outras teorias mais ou menos exóticas. Essas teorias têm em comum a premissa de que o continente americano necessitou da presença do branco europeu para penetrar na história dos povos civilizados, e afirmam que quanto mais nos aproximamos desse modelo capitalista mais seremos "felizes". Como os colonos ingleses construíram na América do Norte uma sociedade "à imagem e semelhança" da europeia, seu desenvolvimento foi muito mais rápido que o nosso, reafirmam tais teorias.

Essa explicação leva a um raciocínio formal assustador: se no passado os povos americanos não foram capazes de se desenvolverem sem a tutela dos europeus, hoje, continuam precisando da tutela dos mais desenvolvidos para mostrarem o caminho da superação do subdesenvolvimento.

Mas a ciência moderna tem sido incapaz de provar efetivamente a suposta inferioridade americana, ou ainda de demonstrar que o fator geográfico é determinante para o desenvolvimento econômico. Não podemos aceitar a existência de povos inferiores ou povos sem história (nós, latino-americanos) e povos com história (as

AS CIVILIZAÇÕES INDÍGENAS 13

sociedades capitalistas avançadas). Esse dualismo é artificioso e não explica a realidade.

A história tem demonstrado que o desenvolvimento de uns está condicionado ao subdesenvolvimento de outros. Comprovou que o capitalismo destrói os antigos modos de produção onde for necessário para seu crescimento, mas mantém estruturas pré-capitalistas quando as considera necessárias.

Está claro para a história que todos os povos são potencialmente iguais, mas não basta dizer simplesmente isso. Para abandonar explicações metafísicas, devemos inserir os povos nas estruturas socioeconômicas, no terreno das particularidades regionais, nas diferentes formas de desenvolvimento, nas formações sociais.

Peregalli, Enrique. *A América que os europeus encontraram.* Campinas/São Paulo; Editora da UNICAMP/Atual, 1986, pp. 7-9.

2. ATIVIDADES AGRÍCOLAS NA AMÉRICA INDÍGENA

A agricultura intensiva desenvolveu-se nas regiões montanhosas do México e nos Andes centrais ao longo dos 3 mil anos anteriores à conquista espanhola. Tudo indica que essa atividade agrícola conheceu o seu apogeu no período compreendido entre 1200 e 1500, através da formação do "Estado" asteca (centralizado no Vale do México) e do "Império" inca, no Peru. A tecnologia e produtividade desenvolvidas por essas duas civilizações culminaram com o estabelecimento de uma sofisticada agricultura intensiva de mão de obra responsável pela produção do milho como principal gênero alimentício (nas regiões mais elevadas do Peru e Bolívia, a batata) e de colheitas auxiliares, favas, abóbora, tomate e pimenta-malagueta. Os hábeis agricultores do Vale do México superavam as desvantagens decorrentes de precipitações pluviométricas insuficientes e instáveis utilizando a água proveniente do degelo das neves nas montanhas e maximizando as amplas bacias naturais formadas pela interligação dos lagos; no Peru, os agricultores utilizavam os rios dos vales montanhosos e os cursos de água que percorrem os vales ao longo da árida costa do Pacífico. Empregou-se a água para fins agrícolas por meio de canais de irrigação que, em turnos, demandavam

14 JAIME PINSKY/HECTOR BRUIT

elevados insumos de mão de obra na construção de eirados, frequentemente em vales de declives fortemente marcados, e na construção e manutenção de canais. Observadores espanhóis do século XVI ficaram profundamente impressionados pela habilidade em engenharia demonstrada pelos povos dos Andes centrais, da mesma forma que agrônomos do século XX impressionaram-se com a evidência arqueológica de técnicas de mudanças de cursos de água, de vale a vale, postas em prática na era anterior à conquista. No Vale do México, observadores espanhóis maravilharam-se com o sistema de diques criados e mantidos de modo a não permitir que a água salobra penetrasse nas áreas de água doce e de agricultura *chinampa* intensiva.

Uma economia agrícola assim estabelecida certamente favorecia o crescimento demográfico. Nos Andes centrais, a população ameríndia pode ter alcançado cifras entre 3,5 e 6 (10, segundo alguns) milhões de habitantes, por volta de 1525. Para o México central, a análise demográfica recente sugere um contingente populacional em torno de 25 milhões de habitantes (1519). No milênio anterior a 1500, o crescimento populacional periodicamente pressionava em busca de maiores quantidades de alimentos, gerando conflitos inter-regionais e a conquista e consolidação das comunidades agrícolas sob a forma de blocos, blocos esses que acabariam por criar expressões culturais próprias, na arquitetura, nos centros administrativos e cerimoniais urbanos, na cerâmica, na tecelagem e escultura, em métodos de contagem do tempo, em práticas religiosas. Os colapsos periódicos, experimentados por essas civilizações de regadio, eram seguidos pela difusão de sua cultura material e intelectual e pelo seu reaparecimento em padrões subsequentes, forjados por novos centros culturais.

A sofisticação agrícola refletia-se na crescente estratificação, isto é, na formação de hierarquias: nobreza, soldados e elite religiosa, um grupo de comerciantes e hábeis artesãos voltados para a produção de bens orientados pela demanda da elite, e a grande massa de agricultores. A expansão de uma comunidade às expensas das vizinhas, o estabelecimento da hegemonia sob a forma de pagamento de um tributo anual ou de incorporação a um império integrado explicitavam o exercício de pressões sobre os agricultores situados na base da economia e da sociedade, pressões essas responsáveis pela

AS CIVILIZAÇÕES INDÍGENAS 15

eclosão periódica de revoltas por vezes bem-sucedidas. No século anterior à conquista, as civilizações de regadio encontradas pelos espanhóis no Vale do México e nos Andes centrais achavam-se dominadas por uma elite militarista, expansionista e cruel face aos dissidentes, dentro e fora dessas sociedades. Os astecas adotavam a prática de periodicamente submeter áreas dependentes recalcitrantes através de expedições militares encarregadas da imposição (ou do reforçamento) de tributos; por seu turno, a elite inca simplesmente desmantelava as comunidades rebeldes e forçava o seu restabelecimento em outras áreas sujeitas a controle mais eficiente. Os padrões de expansionismo e militarismo, os indícios de estratificação social, as tentativas das elites visando mobilizar e se apropriar de excedentes econômicos de seus povos (e de outros, submetidos) levam-nos a crer que, no momento em que se inicia a conquista da América Central e do Sul, a tecnologia agrícola atingira o seu limite máximo e, como ocorrera no passado, amplos aglomerados de comunidades achavam-se a ponto de se desintegrarem e se reunirem em novas comunidades, decorrência lógica da expansão demográfica e de uma produção agrícola inelástica.

Stanley, J. S., Stein, B. *A herança colonial da América Latina*. Rio de Janeiro, Paz e Terra, 1976, pp. 34-35.

3. INCAS: QUEM MANDA, QUEM OBEDECE

O caráter despótico da dominação está bastante claro nas seguintes palavras que o inca Atahualpa dirigiu ao conquistador Pizarro: "No meu reino, nenhum pássaro voa nem folha alguma se move, se esta não for minha vontade".

Nos postos mais elevados da hierarquia social e política, encontramos uma autocracia teocrática hereditária. O Inca, soberano supremo, é ao mesmo tempo uma divindade e transmite o poder a seus filhos. Na presença dele humilham-se até os mais altos e nobres dignatários, obrigados a apresentarem-se descalços, curvados e carregando um peso nas costas. Os direitos de vida e morte sobre seus súditos são absolutos, qualquer que seja o nível social deles.

O mito dessa divindade foi habilmente construído e melhor ainda difundido entre o povo. Historiadores oficiais, escolhidos pelo Inca, escreviam duas histórias diferentes: uma para a nobreza e a hierarquia, outra para o povo. Esta última, cuidadosamente elaborada, excluía tudo o que pudesse diminuir o respeito e a fidelidade ao soberano. Contadores de história e cantores populares (hoje seriam enquadrados na categoria de meios de comunicação de massa) eram instruídos convenientemente sobre os temas de suas histórias e canções e sobre o tratamento que devia ser dado a elas. A derrota do inca Urco frente aos chancas foi totalmente ignorada pela história oficial. Assim, religião, mitos, lendas e história foram deliberadamente fabricados por especialistas, visando a divinizar o Inca, fazendo que sua vontade – e seus excessos – aparecessem como a vontade de um deus.

Abaixo do soberano vinha uma complexa burocracia administrativa e militar que chegou a constituir, por seu caráter hereditário, de fato, uma casta. Os descendentes dessa casta recebiam uma educação adequada para o mando e a administração. Era uma educação complexa e bastante rigorosa, que compreendia o estudo intensivo da versão oficial da história, tal qual havia sido escrita para esses nobres. Dado o caráter guerreiro dos incas, o preparo físico para a milícia era privilegiado; era o que hoje chamaríamos de ciência militar: a arte da defesa e do ataque, das fortificações e cercos, a espionagem e a diplomacia, a correta disposição e utilização dos soldados, etc.

Os escolhidos para mandar adoravam deuses que não eram os do povo ou povos dominados. Estes conservavam a liberdade de adorar suas antigas e originais divindades, ainda que tivessem de aceitar como divindade suprema o Sol, o deus dos que mandavam, e o Inca, representante do Sol na terra. Havia, pois, uma religião dos dominadores e múltiplas religiões dos dominados. Existem, ademais, boas razões para crer que além do deus Sol, o Inca e seus nobres adoravam uma divindade mais transcendental e definitiva chamada Viracocha ou Pachacamac, senhor supremo da criação e criador do próprio Sol.

A faustosa corte do Inca, com seus milhares de servidores, e a hierarquia civil e religiosa viviam dos tributos que milhões de seres humanos de todo o império entregavam ao Inca. Este recompensava

AS CIVILIZAÇÕES INDÍGENAS 17

seus dignatários de acordo com méritos militares, religiosos e administrativos, sendo que as recompensas consistiam em terras, rebanhos de lhamas, objetos de arte, mulheres, roupas de luxo e o direito de viajar em liteiras conduzidas por carregadores, exibir certos ornamentos e ocupar lugares privilegiados nas grandes cerimônias. A propriedade privada dos dignatários podia ser transmitida por herança não a herdeiros determinados pelo proprietário antes de sua morte, mas a todo o conjunto de seus descendentes. Considerava-se, assim, que os méritos acumulados antes da morte deveriam ser socializados. Dessa maneira, todos os parentes interessavam-se para que, enquanto o dignatário fosse vivo, servisse ao Inca da melhor forma possível, porque dele dependiam a riqueza e as honras de todos.

O clero, da mesma maneira que a burocracia civil, estava diretamente subordinado ao Inca. Mais ainda, era costume que o supremo sacerdote fosse um irmão ou primo do próprio soberano, designado em assembleia de notáveis. Essa espécie de papa era chamada *Villac Umu* e, logo abaixo, na hierarquia, havia dez prelados que poderíamos comparar ao que se tem hoje por bispos. O *Villac Umu* designava essas dez personagens e essas, por sua vez, escolhiam o clero para os escalões inferiores. Faziam parte do aparato sacerdotal: feiticeiros, *oráculos,* adivinhos, sacrificadores, intérpretes de sonhos, curandeiros, etc. Era uma imensa e intrincada rede que assegurava o culto ao Sol e a seu representante vivo, o Inca.

OS DOMINADOS

O camponês comum, aquele que no império era chamado *Llacta Runa,* tinha obrigações, poucos direitos e muitos deveres. Abaixo dele, existia uma categoria social chamada de *Yanaconas,* formada por membros de uma sublevação da cidade de Yanacu, quando foram derrotados pelas tropas do Inca e condenados à servidão ou à escravidão que se tornava extensiva a seus descendentes. De certa maneira, poderíamos dizer que viviam fora dos quadros sociais, que não dependiam, como os *Llacta Runa,* dos funcionários ou clérigos e que eram simplesmente propriedade de determinadas pessoas.

Não eram escravos ou servidores para a produção, mas servidores domésticos. Não durou muito tempo e muitos deixaram essa condição, passando a fazer parte das famílias às quais serviam. Excepcionalmente, alguns alcançavam méritos ou mostravam condições que os elevaram a altas posições. Não faziam parte dos censos, talvez por serem considerados menos humanos; no entanto, ao que tudo indica, seu destino foi menos árduo que o dos escravos nos impérios espanhol e português.

Adaptado de Pomer, Léon. "Os Incas". *In História da América Hispano-Indígena*. São Paulo, Global, 1983, pp. 32-34.

4. A CULTURA ENTRE OS MAIAS

INSTALAÇÃO E HABITAÇÃO

A maior parte da península de Iucatã compreende terrenos baixos e planos, cujas elevações não ultrapassam os 500 metros acima do nível do mar. Sua base rochosa é calcária e de origem relativamente recente. Pode-se dizer que a região carece de rios, posto que o Usumacinta, que é a única via fluvial que merece este nome, encontra-se muito ao sul, na base mesmo da península. Há, em contrapartida, numerosas correntes subterrâneas que afloram em muitas partes, formando o que regionalmente se chamam *cenotes* ou poços. Tampouco faltam alguns lagos permanentes ou um número maior de temporários, que se formam na época das chuvas.

Como é natural, a instalação humana só pôde acontecer em lugares onde havia água em abundância, fosse ao redor dos *cenotes* ou nas cercanias das muitas *aguadas*, cisternas naturais, ou artificiais, ou ambas às vezes. Ademais, quando necessitavam, os maias costumavam aumentar seu caudal de água, mediante a escavação de *chultunes*.

Se pretendemos medir as cidades maias pelo que se passa nas nossas, apenas algumas mereceriam tal nome. As do Velho Império foram simples centros cerimoniais ao redor dos quais se concentravam, em um raio mais ou menos grande, os povoadores. Um

AS CIVILIZAÇÕES INDÍGENAS 19

pouco mais apinhada estava a população nas cidades do Novo Império. Mas nem em umas nem em outras os grandes edifícios, os palácios, os templos, os jogos de bola estavam dispostos ao longo de ruas, como sucede entre nós, mas ao redor de pátios e praças. É quase certo que, ao menos no norte de Iucatã, saíam de cada um desses centros urbanos quatro avenidas pavimentadas em direção dos quatro pontos cardeais. As construções residenciais achavam-se mais ou menos dispersas nos espaços livres entre uma e outra avenida. Em certos lugares, o centro do povoado constituía um mercado e à sua margem estavam situados os edifícios públicos. Algumas cidades do Novo Império, como Mayapã, tinha todo o conjunto urbano defendido por uma muralha.

Nem todas as casas apresentavam o mesmo tipo, já que o desenvolvimento histórico e a situação social e econômica de seus habitantes influíam na sua qualidade. Em sua maioria, tinham planta regular, ainda que tampouco faltassem as ovaladas, no que temos de ver a persistência de uma situação anterior. As moradias antigas e as mais modernas se nos apresentam frequentemente construídas sobre uma plataforma de alvenaria. Apesar de haver muitas construções de cal e pedra, em sua maioria tinham paredes de material inconsistente. O teto era quase sempre de palha e de forma piramidal.

O mobiliário era simples. Dormia-se em leitos de paus, tapados com mantas de algodão, e em redes, para descansar e, sobretudo, quando se viajava. Nas fontes antigas há algumas referências a cadeiras, mas sem maiores detalhes. É provável que, igualmente ao que se fazia no norte de Iucatã, se cozinhasse em uma pequena construção anexa à principal.

VESTIMENTA E ADORNO

A parte mais importante da indumentária dos homens era o *taparrabo*, chamado *ex* ou *mástil*, em idioma maia. Consistia em uma tira de algodão tingida de várias cores, da largura da mão. Essa tira era passada entre as pernas e atada à cintura, de tal modo que um extremo era pendurado na frente e outro atrás. Além dessa peça indispensável, todos os varões, inclusive os escravos, usavam uma manta quadrada que lhes cobria a parte superior do corpo. Costumavam passá-la por baixo de um braço e atá-la sobre o outro ombro. A manta podia ser branca ou de cor, lisa ou adornada com penas. Os nobres usavam outra peça cuja origem parece ser mexicana. Era uma espécie de blusa sem mangas chamada *xicul*, que adornavam com cores vivas e com bordados e plumas. Da mesma maneira, os *mástiles*, usados pela gente "bem", levavam belos adornos de plumas. As mulheres vestiam anáguas ou fraldelins cingidos na cintura, que iam até a metade das pernas. O busto costumava ficar despido mas decorado com tatuagens. Certas mulheres agregavam um pano de algodão que, passando por uma axila, e pendurado ao outro ombro, cobria-lhes os peitos. Também vestiam uma manta grande, que de noite lhes servia de cobertor.

Homens e mulheres deixavam crescer os cabelos. Os homens cortavam uma espécie de tonsura na parte superior da cabeça e com o resto do cabelo formavam uma trança que dispunham ao redor da cabeça formando uma espécie de grinalda. As mulheres conseguiam com os seus cabelos duas largas tranças. Iam descalços ou usavam sandálias feitas de pele de veado e com ataduras de *henequén*.

Colares de contas de jade, de concha, de dentes de animais eram os adornos mais comuns. Usavam, também, braceletes, pulseiras e joelheiras de plumas. No Novo Império conheceram-se também os adornos de ouro e de cobre. Adornavam nariz e orelha. Colocavam um pedaço de âmbar em um orifício que era feito no septo nasal e contas de jade nas aletas. Esse era um costume tipicamente maia, já no Velho Império. Os adornos de orelha eram importação mexicana.

Fraud, Salvador C., "Los mayas", *in Las civilizaciones pré-hispanicas de América*. 4ª ed. Buenos Aires, Sulamericana, 1976, pp. 469-95.

5. TENOCHTITLÁN: A CIDADE ASTECA

O centro do império asteca era Tenochtitlán, uma cidade de canais, praças e mercados, pirâmides, templos, palácios, lojas e residências, que começou numa ilha no lago Texcoco e estendeu-se para as praias mais próximas com as quais se comunicava por estradas.

AS CIVILIZAÇÕES INDÍGENAS

Na época da conquista espanhola, ela era uma orgulhosa metrópole de duzentos mil habitantes, tão soberba que o conquistador Bernal Diaz del Castillo registrou que mesmo "aqueles que estiveram em Roma ou Constantinopla dizem que em termos de conforto, regularidade e população nunca viram algo semelhante" (1927, p. 178). O mesmo autor fornece uma descrição vívida na cidade tal como ela era em 1519.

Nesta grande cidade... as casas se erguiam separadas umas das outras, comunicando-se somente por pequenas pontes levadiças e por canoas, e eram construídas com tetos terraceados. Observamos, ademais, os templos e adoratórios das cidades adjacentes, construídos na forma de torres e fortalezas e outros nas estradas, todos caiados de branco e magnificamente brilhantes. O burburinho e o ruído do mercado... podia ser ouvido até quase uma légua de distância... Quando lá chegamos, ficamos atônitos com a multidão de pessoas e a ordem que prevalecia, assim como com a vasta quantidade de mercadoria... Cada espécie tinha seu lugar particular, que era distinguido por um sinal. Os artigos consistiam em ouro, prata, joias, plumas, mantas, chocolate, peles curtidas ou não, sandálias e outras manufaturas de raízes e fibras de juta, grande número de escravos homens e mulheres, muitos dos quais estavam atados pelo pescoço, com gargalheiras, a longos paus. O mercado de carne vendia aves domésticas, caça e cachorros. Vegetais, frutas, comida preparada, sal, pão, mel e massas doces, feitas de várias maneiras, eram também lá vendidas. Outros locais na praça eram reservados à venda de artigos de barro, mobiliário doméstico de madeira, tais como mesas e bancos, lenha, papel, canas recheadas com tabaco misturado com âmbar líquido, machados de cobre, instrumentos de trabalho e vasilhame de madeira profusamente pintado. Muitas mulheres vendiam peixe e pequenos "pães" feitos de uma determinada argila especial que eles achavam no lago e que se assemelham ao queijo. Os fabricantes de lâminas de pedra ocupavam-se em talhar seu duro material e os mercadores que negociavam em ouro possuíam o metal em grãos, tal como vinha das minas, em tubos transparentes, de forma que ele podia ser calculado, e o ouro valia tantas mantas, ou tantos xiquipils de cacau, de acordo com o tamanho dos tubos. Toda a praça estava cercada

JAIME PINSKY/HECTOR BRUIT

por "piazzas" sob as quais grandes quantidades de grãos eram estocadas e onde estavam, também, as lojas para as diferentes espécies de bens (1927, pp. 176-8).

Os cronistas espanhóis registraram a hierarquização da sociedade asteca com o monarca semidivino no topo da hierarquia, seguido, em ordem decrescente, pelos nobres e altos sacerdotes, homens comuns, servos e escravos, sendo os últimos, prisioneiros de guerra. O mundo sobrenatural era estruturado de modo similar. No ápice, o deus da chuva, Tlaloc, compartilhava a supremacia com Huitzilpochtli, o deus da guerra, cujo templo e altar salpicado de sangue (no qual queimavam constantemente incenso e três corações humanos) horrorizaram os espanhóis católicos. Os livros de pele de cervo, ou códices, registravam as proezas dos heróis da história asteca, os detalhes dos rituais, o elaborado calendário cerimonial e outros tipos de informação, numa combinação de pinturas e símbolos.

Meggers, Betty J. *América pré-histórica.* Rio de Janeiro, Paz e Terra, 1972, pp. 96-97.

SUGESTÕES DE ATIVIDADES

1. Os conquistadores sempre se empenharam em afirmar que os nativos eram bárbaros, inferiores, selvagens e preguiçosos. Discuta essas afirmações após ler os textos acima e refletir sobre eles.

2. O que se entende por civilizações hidráulicas? Como o controle de água pode influir no desenvolvimento de uma civilização e fazê-la expandir-se e dominar povos vizinhos como aconteceu com os astecas?

3. O Império inca tinha duas formas de contar a história: uma para uso dos dominadores, outra para consumo dos dominados. Há governos que atualmente fazem isto, filtrando as informações e transmitindo ao povo o que ele "pode" saber. É uma hábil maneira de manter o controle. Verifique através de jornais, revistas e outras fontes se esse fenômeno ocorre atualmente e de que forma.

4. Como era feita a tributação dos povos subjugados pelos astecas? O que representou essa tributação para a organização interna do Estado Asteca e circunvizinhos?

DESCOBRIMENTO E CONQUISTA

A descoberta da América por Cristóvão Colombo faz parte do processo de expansão do capitalismo europeu. O comércio, renascido em fins da Idade Média e desenvolvido no interior da Europa entre as cidades italianas e flamengas, foi deslocado, no século XIV, para o litoral atlântico. A escassez de metais preciosos provocava a falta de moeda em circulação, agravando os problemas já existentes. As nações da costa atlântica (Portugal, Espanha, França, Inglaterra e Holanda), detentoras do comércio sobrevivente, eram as que mais sofriam com a crise e, para superá-la, precisavam encontrar metais preciosos para valorizar suas moedas. Por outro lado, dependiam das cidades italianas para o fornecimento das mercadorias orientais trazidas pelos árabes, que dominavam o comércio no Mediterrâneo.

Assim, a busca de novos caminhos para atingir o Oriente, terra encarada como fonte de riquezas, passou a constituir uma questão de sobrevivência. Era preciso enfrentar o Atlântico, explorá-lo, buscando saídas, e para financiar um empreendimento desse porte era condição prévia a existência de Estados Nacionais com poder político centralizado e recursos financeiros volumosos. Portugal e Espanha formaram os primeiros Estados Nacionais. Estavam, portanto, prontos para liderar o expansionismo marítimo e, levados pela necessidade, assim o fizeram.

Para o mundo da época, a descoberta da terra que, posteriormente, iria chamar-se América foi, de início, uma decepção, uma barreira entre a Europa e o seu alvo maior, o Oriente. Logo tratou-se de buscar na América ou Índias Ocidentais, como preferiam denominá-la os espanhóis, uma passagem para atingir as Índias Orientais, o que somente foi conseguido com a expedição de Fernão de Magalhães (1519-1522). Contudo, o contato com as riquezas asteca e inca acabou por atrair o interesse dos espanhóis, que passaram a ocupar-se da conquista do novo continente.

O *texto 6* mostra que os europeus viram as maneiras "decentes e elogiáveis" dos indígenas como boa razão para se imporem pela força, se eles não aceitassem se incorporar ao projeto mercantilista.

O *texto 7*, com material extraído do diário de Américo Vespúcio, além de revelar impressões sobre a terra e preocupar-se com a exploração das riquezas (como Colombo) passa a consciência de ter chegado a uma terra desconhecida, feito uma descoberta.

O *texto 8*, que apresenta trechos do *Diário de Colombo*, retrata as primeiras impressões sobre a terra e o povo recém-descobertos, evidencia a preocupação de encontrar ouro (deixando claro o caráter da descoberta) e dá a impressão de que ele confunde a ilha de São Domingos com alguma do Extremo Oriente.

O *texto 9* deve ser lido com muito cuidado e atenção, pois é um documento que mostra a perplexidade e a descrença dos astecas diante de sua derrota para os conquistadores espanhóis, vistos inicialmente como deuses e depois como simples *popolocas* (bárbaros).

6. "SUAS MANEIRAS SÃO DECENTES E ELOGIÁVEIS"

Tudo começou com Cristóvão Colombo que deu ao povo o nome de *índios*. Os europeus, os homens brancos, falavam com dialetos diferentes, e alguns pronunciavam a palavra "Indien", ou "Indianer", ou "Indian". *Peaux-rouges* ou *redskins* (peles-vermelhas) veio depois. Como era costume do povo ao receber estrangeiros, os tainos da ilha de São Salvador presentearam generosamente Colombo e seus homens com dádivas e trataram-nos com honra.

"Tão afáveis, tão pacíficos, são eles", escreveu Colombo ao rei e à rainha de Espanha, "que juro a Vossas Majestades que não há no mundo uma nação melhor. Amam a seus próximos como a si mesmos, e sua conversação é sempre suave e gentil, e acompanhada de sorrisos; embora seja verdade que andam nus, suas maneiras são decentes e elogiáveis."

DESCOBRIMENTO E CONQUISTA 25

Claro que tudo isso foi tomado como sinal de fraqueza, se não de barbárie, e Colombo, sendo um europeu bem intencionado, convenceu-se de que o povo deveria "ser posto a trabalhar, plantar e fazer tudo que é necessário e *adotar nossos costumes*". Nos quatro séculos seguintes (1492-1890), vários milhões de europeus e seus descendentes tentaram impor seus costumes ao povo do Novo Mundo.

Colombo raptou dez de seus amistosos anfitriões tainos e levou-os à Espanha, onde eles poderiam ser apresentados para se adaptarem aos costumes do homem branco. Um deles morreu logo depois de chegar, mas não antes de ser batizado cristão. Os espanhóis gostaram tanto de possibilitar ao primeiro índio a entrada no céu, que se apressaram em espalhar a boa nova pelas Índias Ocidentais.

Os tainos e outros povos arawak não relutaram em se converterem aos usos religiosos europeus, mas resistiram fortemente quando hordas de estrangeiros barbudos começaram a explorar suas ilhas em busca de ouro e pedras preciosas. Os espanhóis saquearam e queimaram aldeias; raptaram centenas de homens, mulheres e crianças e mandaram-nos à Europa para serem vendidos como escravos. Porém a resistência dos arawak deu origem a que os invasores fizessem uso de armas de fogo e sabres, trucidando centenas de milhares de pessoas e destruindo tribos inteiras, em menos de uma década, após Colombo ter pisado na praia de São Salvador, a 12 de outubro de 1492 (...).

Brown, Dee Alexander. *Enterrem meu coração na curva do rio*. São Paulo, Melhoramentos, 3ª edição, 1973, pp. 19-20.

7. O NOVO MUNDO E OS DESCOBRIMENTOS

Dias passados bastante amplamente te escrevi da minha volta daqueles novos países, os quais com a armada e com as despesas e mandado deste sereníssimo rei de Portugal procuramos e descobrimos; os quais Novo Mundo chamar é lícito, porque entre os antepassados nossos de nenhum deles se teve conhecimento, e a todos aqueles que isso ouvirem será novíssima coisa, visto que isto a

JAIME PINSKY/HECTOR BRUIT

opinião de nossos antepassados excede, uma vez que a maior parte diz que além da linha equinocial para o meio-dia não há continente, só o mar, ao qual Atlântico chamaram; e se algum entre eles ali continente afirmou e aquela ser terra habitável, por muitas razões negaram. Mas esta sua opinião ser falsa e à verdade de todos os modos contrária, esta minha última navegação atestou, visto que naquelas regiões meridionais o continente descobri, habitado de mais frequentes povos e animais do que a nossa Europa, ou Ásia, ou África, e ainda o ar mais temperado e ameno que em outras regiões de nós conhecidas, como mais abaixo saberás; onde brevemente somente das coisas as principais escrevemos e as coisas mais dignas de anotação e de memória, as quais por mim ou vistas ou ouvidas neste novo mundo foram (...)

A fim de que numa palavra todas as coisas brevemente narre, saiba que de LXVII dias que navegamos continuamente, XLIV tivemos com chuvas, trovões e relâmpagos, em tal modo escuros que nem o sol no dia, nem sereno na noite jamais vimos. Por essa coisa toda em nós entrou um tão grande pavor que quase já toda a esperança de vida tínhamos perdido. Nessas verdadeiramente tão terríveis tempestades do mar e do céu quis o Altíssimo diante de nós mostrar o continente e novos países e um outro incógnito mundo. A essa visão nos alegramos tanto como cabe acontecer àqueles que de múltiplas calamidades e adversa fortuna saem com saúde. O dia exatamente VII de agosto de MDI nas costas daqueles países surgimos, agradecendo o nosso senhor Deus com solenes súplicas e celebrando uma missa cantada. Lá aquela terra soubemos não ser ilha mas continente, porque em longuíssimas praias estende não circundantes a ela e de infinitos habitantes era repleta. E descobrimos nela muita gente e povos e todo gênero de animais silvestres que nos nossos países não se encontram, e muitos outros por nós nunca vistos, dos quais seria longo um a um referir.

Vespúcio, Américo. *Novo Mundo: cartas de viagens e descobertas*. Porto Alegre, L&PM, 1984, pp. 89-92 (Visão do Paraíso, v. 2).

8. CONQUISTA E DESTRUIÇÃO: A PROCURA DO OURO

Esta ilha[1] é imensa e muito plana, de árvores verdíssimas e muitas águas, com uma vasta lagoa no meio, sem nenhuma montanha e tão verde que dá prazer só em olhá-la; e os habitantes são tão sossegados e com tanta vontade de ganhar nossas coisas que, temendo não receber nada se não derem algo em troca, quando não têm, pegam o que podem e se põem logo a nadar; mas tudo o que possuem trocam por qualquer coisa que se lhes dê, e pegam até os cacos de gamelas e das taças quebradas; inclusive vi trocarem dezesseis novelos de algodão por três ceotis[2] portugueses, que valem uma branca[3] de Castela[4], e neles haveria mais de uma arroba de algodão desfiado. Isso eu preservaria, sem deixar que ninguém se aproveitasse, a não ser que mandasse recolher tudo para V.M., se houvesse em grande quantidade. Aqui, nasce nesta ilha, mas pelo pouco tempo de que disponho não pude dar assim fé de tudo, e aqui também nasce o ouro[5] que trazem pendurado no nariz; mas, para não perder tempo, quero ir ver se consigo encontrar a ilha de Cipango (...) Agora, escrevendo isto, soltei a vela com o vento sul para rodear toda a ilha[6] e me empenhar para encontrar Samoet[7], que é a ilha ou cidade onde está o ouro, segundo dizem todos os que vêm até a nau e também diziam os habitantes da ilha de San Salvador e de Santa Maria[8]. Essa gente é semelhante às das referidas ilhas, tanto na língua como nos costumes, só que os daqui me parecem um pouco mais domésticos, de trato, e mais perspicazes, pois vejo que trouxeram algodão aqui para a nau. E ainda nesta ilha vi panos de algodão feito mantilhas e as pessoas mais gentis, e as mulheres trazem na frente do corpo um pedacinho de tecido de algodão que mal lhes cobre as partes pudendas. Não me consta que professem alguma religião e acho que bem depressa se converteriam em cristãos, pois têm boa compreensão. (...) Se o tempo permitir, logo partirei a circundar esta ilha[9] até conseguir falar com o cacique e ver se posso obter dele o ouro que ouço dizer que usam, e depois partir para outra ilha vastíssima, que acho que deve ser Cipango, segundo os sinais que fazem esses índios que viajam comigo, à qual chamam de "Colba"[10], e de uma outra a que dão o nome de Bosio[11]. E as que ficam no meio verei logo assim, de passagem, e conforme descubra vestígio de ouro ou especiarias, resolverei o que fazer.

JAIME PINSKY/HECTOR BRUIT

Agora, porém, já me determinei a ir à terra firme, e também à cidade de Quisay[12], para entregar as cartas de Vossas Majestades ao Grande Cã[13], pedir resposta a regressar com ela.

NOTAS

1. Trata-se da ilha chamada de Guanahani pelos indígenas, San Salvador por Colombo, hoje Watlings, uma das Bahamas.
2. Ceotis: moedas.
3. Antiga moeda portuguesa, equivalente à quarta parte de um maravedi, moeda circulante na Península Ibérica e de pequeno valor.
4. Antigo Reino da Península Ibérica, centro da atual Espanha.
5. Até o século XVII, acreditava-se que as minas eram inesgotáveis, o ouro brotando continuamente..
6. Denominada por Colombo de Fernandina, hoje Long Island, uma das Bahamas.
7. Assim chamada pelos indígenas e apelidada por Colombo de Isabela, hoje Crooked Island, a leste das Bahamas.
8. Hoje Run Cay.
9. Isabela.
10. Cuba, talvez erro do copista ou de Colombo, por não terem entendido bem a língua indígena.
11. Bosio, como era chamado o atual Haiti pelos indígenas e que Colombo denominou La Española.
12. Nome dado por Marco Pólo à cidade de King-See, que apareceria no mapa de Toscanelli.
13. Título dado ao imperador dos tártaros e que significa soberano.

Colombo, Cristóvão. "Primeira Viagem, dias 13, 16 e 21 de outubro de 1492". *In Diários da descoberta da América*, Porto Alegre, L&PM, 1984, pp. 46-53 (Visão do Paraíso, v. 1).

9. A VISÃO ASTECA DA CONQUISTA

O primeiro traço fundamental da visão asteca da Conquista é o que se poderia descrever como o quadro mágico no qual esta haveria de desenvolver-se. Os astecas afirmam que, alguns anos antes da chegada dos homens de Castela, houve uma série de prodígios e

DESCOBRIMENTO E CONQUISTA   29

presságios anunciando o que haveria de acontecer. No pensamento do senhor Motecuhzoma, a espiga de fogo que apareceu no céu, o templo que se incendiou por si mesmo, a água que ferveu no meio do lago, a voz de uma mulher que gritava noite adentro, as visões de homens que vinham atropeladamente montados numa espécie de veados, tudo isso parecia avisar que era chegado o momento, anunciado nos códices, do regresso de Quetzalcóatl e dos deuses.

Mas, quando chegaram as primeiras notícias procedentes das margens do Golfo sobre a presença de seres estranhos, chegados em barcas grandes como montanhas, que montavam uma espécie de veados enormes, tinham cães grandes e ferozes e possuíam instrumentos lançadores de fogo, Motecuhzoma e seus conselheiros ficaram em dúvida. De um lado, talvez Quetzalcóatl houvesse regressado. Mas, de outro, não tinham certeza disso. No coração de Motecuhzoma nasceu, então, a angústia. Enviou, por isso, mensageiros que suplicaram aos forasteiros para que regressassem ao seu lugar de origem.

A dúvida a respeito da identidade dos homens de Castela subsistiu até o momento em que, já hóspedes dos astecas em Tenochtitlan, perpetraram a matança do templo maior. O povo em geral acreditava que os estrangeiros eram deuses. Mas quando viram seu modo de comportar-se, sua cobiça e sua fúria, forçados por esta realidade mudaram sua maneira de pensar: os estrangeiros não eram deuses, mas *popolocas,* ou bárbaros, que tinham vindo destruir sua cidade e seu antigo modo de vida.

As lutas posteriores da Conquista, registradas pelos historiadores indígenas, testemunham o heroísmo da defesa. Mas a derrota final, ao ser narrada nos textos astecas, já é depoimento de um trauma profundo. A visão final é dramática e trágica. Pode-se ver isto claramente no seguinte "canto triste" ou *icnocuícatl:*

Nos caminhos jazem dardos quebrados;
os cabelos estão espalhados.
Destelhadas estão as casas,
incandescentes estão seus muros.
Vermes abundam por ruas e praças,
e as paredes estão manchadas de miolos arrebentados.
Vermelhas estão as águas, como se alguém as tivesse tingido,
e se as bebíamos, eram água de salitre.

JAIME PINSKY/HECTOR BRUIT

Golpeávamos os muros de adobe em nossa ansiedade
e nos restava por herança uma rede de buracos.
Nos escudos esteve nosso resguardo,
mas os escudos não detêm a desolação...

As palavras anteriores encontram novo eco na resposta dos sábios aos doze franciscanos chegados em 1524:

Deixem-nos, pois, morrer,
deixem-nos perecer,
pois nossos deuses já estão mortos!

Muitas outras citações poderiam acumular-se para mostrar o que foi o trauma da Conquista para a alma indígena. (...) a experiência do povo que, após resistir com armas desiguais, viu-se a si mesmo vencido. Não se deve esquecer que os astecas eram seguidores do deus da guerra, Huitzilopochtli; que se consideravam escolhidos do sol e que, até então, sempre creram ter uma missão cósmica e divina de submeter a todos os povos dos quatro cantos do universo. Quem se considerava invencível, o povo do sol, o mais poderoso da Mesoamérica, teve de aceitar sua derrota. Mortos os deuses, perdidos o governo e o mando, a fama e a glória, a experiência da Conquista significou algo mais que tragédia: ficou cravada na alma e sua recordação passou a ser um trauma.

Obs.: "Manuscrito Anônimo de Tratelolco" (1528), edição facsímile de E. Mengin, Copenhague, 1945, fl. 33.

O "Libro de los Coloquios de los Doce" não foi integralmente traduzido para o castelhano. Existe apenas um resumo dele em espanhol, preparado pelo Frei Bernardinho de Sahagún. A tradução dada aqui foi preparada pelo autor do texto.

León-Portilla, Miguel. *A Conquista da América Latina vista pelos índios*, Petrópolis, Vozes, 1984, pp. 16-18.

SUGESTÕES DE ATIVIDADES

1. Analise e comente esta frase asteca do texto:
"deixem-nos, pois, morrer

DESCOBRIMENTO E CONQUISTA

deixem-nos, perecer
pois nossos deuses já estão mortos".
2. *A partir da leitura dos textos, tente verificar e discutir as diferentes concepções relativas à conquista e dominação das Américas pelos europeus. Você acha que os astecas foram derrotados por causa de sua ingenuidade?*
3. *No texto 6, Colombo não hesita em declarar que o índio deveria "ser posto a trabalhar, plantar e fazer tudo que é necessário e adotar nossos costumes". A partir desta frase, reflita sobre estas questões: – o índio não trabalhava? – o índio queria adotar "nossos costumes"? – qual é a sua opinião?*

COLONIZADOS E COLONIZADORES

Nos filmes de bangue-bangue americanos aparece, quase sempre, uma oposição entre índios e brancos. Com frequência os choques são apresentados como de ordem psicológica, fruto da incompreensão entre pessoas. Na verdade, o fenômeno é mais amplo, uma vez que é determinado por formas diferentes de existência e, portanto, por diferentes visões de mundo. Não se trata, como mostram os textos, de simples opiniões ou palpites sobre as coisas, como "torcer" por um ou outro time de futebol ou escola de samba ou ainda de preferir uma cor ou um número em detrimento dos demais. Este capítulo chama a atenção para a relação profunda e determinista entre aquilo que os historiadores chamam de "condições materiais de existência" e "ideologia", ou seja, entre a forma de produzir e a forma de pensar.

Europeus e indígenas não pensavam diferente por acaso, mas, fundamentalmente, porque relacionavam-se de forma diferente enquanto produziam o seu sustento. É claro que esta não é uma regra mecânica, de aplicação automática. É claro que há um espaço (e grande) para a atuação do indivíduo numa sociedade. Mas coisas do cotidiano, que nos parecem "naturais", como comer certos alimentos ou vestir certo tipo de roupa, ter certos tipos de comportamento (isto pode, aquilo não, isto é pecado, aquilo é virtude) são determinações históricas. Os textos abaixo são para ler, pensar e debater.

O *texto 10* mostra como ingleses "civilizados", submetidos a condições adversas viram antropófagos que esquecem todos os seus princípios e chegam até a devorar a própria esposa "em pó".

O *texto 11* descreve um diálogo entre um velho tupinambá e o viajante francês Jean de Léry sobre riqueza, felicidade, herança para os filhos e outros temas muito atuais.

COLONIZADOS E COLONIZADORES 33

O *texto 12* é a visão que um holandês tem dos índios norte-americanos perto dos quais vive. Note-se o ar de superioridade afetada com que o autor percebe os nativos.

O *texto 13*, a famosa "carta do chefe Seattle" ao presidente americano, tem sido utilizada pelos ambientalistas apenas como um documento a favor do equilíbrio ecológico e da preservação da natureza. Ele merece uma releitura em que novos ângulos possam ser resgatados.

10. OS EUROPEUS NA AMÉRICA INGLESA

Na véspera do dia em que o capitão Smith voltou à Inglaterra com os navios, o capitão Davis chegou numa pequena Pinace, com mais dezesseis homens apropriados. A estes se acrescentou uma companhia de Jamestown, sob o comando do capitão John Sickelmore, aliás Ratcliffe, a fim de habitar Point Comfort. Tendo perdido seus barcos e quase a metade de seus homens entre os selvagens, retornaram a Jamestown; pois tanto que souberam da partida de Smith, todos os selvagens se revoltaram, saqueando e matando quantos encontraram.

Éramos todos obrigados a viver apenas do que Smith guardara para a sua companhia, pois os demais haviam consumido suas porções. E agora eles tinham vinte presidentes com todos os seus pertences: o comandante Piercie, nosso novo presidente, estava tão mal que não podia ir nem ficar. Mas antes que tudo se consumisse, o capitão West e o capitão Sickelmore, cada qual com um naviozinho e trinta ou quarenta homens bem equipados, procuraram comerciar em toda parte. Confiando em Powhatan, com mais de trinta outros tão descuidados quanto ele, Sickelmore foi morto com todos os seus; somente Jeffrey Shortridge escapou; e Pokahontas, a filha do rei, salvou um menino chamado Henry Spilman, que viveu por muitos anos ainda, graças a ela, entre os potawomekes. Além disso, Powhatan, tanto que encontrou meios, cortou-lhes os botes, negou-lhes comércio: de modo que o capitão West se fez de vela para a Inglaterra. Todos descobriram, então, o desaparecimento do capitão Smith, e seus maiores detratores puderam maldizer-lhe a perda: quanto à provisão e contribuição de milho dos selvagens, nada recebemos senão ferimentos mortais produzidos por maças e flechas; quanto aos nossos porcos, frangos, cabras, carneiros, ou o que quer que vivesse, eram diariamente consumidos pelos nossos comandantes, funcionários e pelos selvagens, e nós mesmos só às vezes provávamos um pedacinho, até que tudo foi devorado. Negociamos então espadas, armas, peças, ou qualquer coisa, com os selvagens, cujos dedos cruéis tão amiúde se empapavam em nosso sangue que em consequência da crueldade deles, da indiscrição dos nossos governadores e da perda dos nossos navios, de quinhentos que éramos, seis meses depois da partida do capitão Smith já não passávamos de sessenta homens, mulheres e crianças, miserabilíssimas e pobríssimas criaturas; que se preservaram, em sua maior parte, à custa de raízes, ervas, bolotas, nozes, frutas e, de vez em quando, um peixinho: os que tinham fécula nessas extremidades não faziam pequeno uso dela; sim, até das peles dos nossos cavalos. Tão grande era a nossa fome, que um selvagem que matamos e enterramos, foi desenterrado de novo e comido pelos mais pobres. E o mesmo fizeram diversos com outro, que ferveram e cozinharam com raízes e ervas. E um dos restantes matou a esposa, reduziu-a a pó, e já tinha comido parte dela quando o fato veio a público; e por isso foi executado, como bem merecia sê-lo. Agora, se ela seria melhor assada, cozida ou grelhada, eu não sei; mas confesso que esposa em pó é um prato de que nunca ouvi falar. Assim foi aquele tempo, a que até hoje chamamos o tempo da fome; seria demasiado nojento contar, e demasiado difícil acreditar, o que então sofremos. Mas a culpa foi toda nossa, por falta de previdência, indústria e governo, e não por infecundidade e defeito da terra, como geralmente se supõe, visto que até então, em três anos, pois os números não foram fornecidos, não tínhamos recebido da Inglaterra provisão suficiente sequer para seis meses, embora parecesse, pelos conhecimentos de embarque, que nos fora mandado o bastante, tão glutão é o mar, e tão bons sujeitos são os marinheiros. Tampouco provamos da grande porção que nos foi mandada, quanto eles da nossa precisão e das nossas misérias, embora eles controlassem e dirigissem o negócio, e nós suportássemos tudo o que foi dito e vivêssemos sobretudo do que fornecia naturalmente a boa terra. Entretanto, ainda que tivéssemos estado no próprio paraíso com esses governadores não teríamos passado muito melhor. No entanto,

COLONIZADOS E COLONIZADORES 35

havia entre nós os que tinham assumido o governo como o capitão Smith indicara, mas não puderam conservá-lo, pois nos teriam sem dúvida preservado desses extremos de misérias. E se isso houvesse durado mais dez dias, ter-nos-ia liquidado a todos com a morte.

"História Geral da Virgínia; o 4º Livro de Smith (1624)" in Syrett, Harold C. (org.). Documentos Históricos dos Estados Unidos. São Paulo, Cultrix, 1980, pp. 6-7.

11. O VELHO TUPINAMBÁ

Os nossos tupinambás muito se admiram dos franceses e outros estrangeiros se darem ao trabalho de ir buscar o seu *arabutan*. Uma vez um velho perguntou-me: por que vindes vós outros, *maírs e perôs* (franceses e portugueses), buscar lenha de tão longe para vos aquecer? Não tendes madeira em vossa terra? Respondi que tínhamos muita, mas não daquela qualidade, e que não a queimávamos, como ele o supunha, mas dela extraíamos tinta para tingir, tal qual o faziam eles com os seus cordões de algodão e suas plumas.

Retrucou o velho imediatamente: – e porventura precisais de muito? – Sim, respondi-lhe, pois no nosso país existem negociantes que possuem mais panos, facas, tesouras, espelhos e outras mercadorias do que podeis imaginar e um só deles compra todo o pau-brasil com que muitos navios voltam carregados. – Ah! retrucou o selvagem, tu me contas maravilhas, – acrescentando depois de bem compreender o que eu lhe dissera: – Mas esse homem tão rico de que me falais não morre? - Sim, disse eu, morre como os outros.

Mas os selvagens são grandes discursadores e costumam ir em qualquer assunto até o fim, por isso perguntou-me de novo: – e quando morrem para quem fica o que deixam? – Para seus filhos, se os têm, respondi; na falta destes, para os irmãos ou parentes mais próximos. – Na verdade – continuou o velho, que, como vereis, não era nenhum tolo – agora vejo que vós outros *maírs* sois grandes loucos, pois atravessais o mar e sofreis grandes incômodos, como dizeis quando aqui chegais, e trabalhais tanto para amontoar riquezas para vossos filhos ou para aqueles que vos sobrevivem! Não será a terra que vos nutriu suficiente para alimentá-los também? Temos pais, mães e filhos a quem amamos; mas estamos certos de que depois de nossa morte a terra que nos nutriu também os nutrirá, por isso descansamos sem maiores cuidados (...)

Léry, Jean de. *Viagem à terra do Brasil*. Biblioteca Histórica Brasileira, São Paulo, Livraria Martins Editora, 1960, pp. 153-154. (1ª edição em francês: 1578). *Apud* Melatti, Júlio César. *Os índios do Brasil*. São Paulo: Hucitec/Brasília, UNB, 1987, 5ª ed., pp. 199-200.

12. A CONVIVÊNCIA COM OS ÍNDIOS

Os habitantes deste país são de duas espécies: cristãos ou pelo menos, assim chamados; e índios. Dos cristãos nada direi; minha intenção é falar apenas dos índios... A principal nação de todos os selvagens e índios nesta redondeza com que temos maior comunicação é a dos mahakuaas, que impuseram uma contribuição a todos os outros índios que vivem perto de nós. Essa nação fala um idioma muito difícil, tem-me custado um grande esforço aprendê-lo, para poder falar e pregar nele com fluência. Não há cristão aqui que compreenda perfeitamente a língua; os que já vivem aqui há muito tempo usam uma espécie de jargão, que mal lhes dá para negociar com os nativos, mas não compreendem os princípios fundamentais da língua. Estou compondo um vocabulário do idioma dos mahakuaas, e quando me acho entre eles pergunto-lhes como se chamam as coisas; mas como eles são muito estúpidos, às vezes não consigo fazê-los compreender o que desejo. Além disso, quando respondem a minha pergunta, um me diz a palavra no modo infinitivo, outro no indicativo; um na primeira, outro na segunda pessoa; um no presente, outro no pretérito. Por isso fico olhando uma porção de vezes, sem saber como anotar a resposta. E visto que eles também têm declinações e conjugações, e têm seus argumentos, como os gregos, pareço uma pessoa estonteada e, frequentemente, não sei o que fazer, pois não há ninguém para orientar-me. Terei de meditar sobre isso a sós, a fim de tornar-me, com o tempo, um gramático índio...

COLONIZADOS E COLONIZADORES 37

As pessoas e os índios neste país são como nós, holandeses, no corpo e na estatura; alguns têm traços, corpos e membros bem proporcionados; todos têm cabelos e olhos pretos, mas a tez é amarela. No verão andam nus, cobrindo as partes pudendas com um pedaço de pano. As crianças e os jovens até dez, doze e catorze anos de idade andam inteiramente despidos. No inverno, penduram simplesmente no corpo uma pele não curtida de veado, urso ou pantera; ou pegam algumas peles de castor e de lontra; gato do mato, guaxinim, marta, lontra, arminho, caxinguelê, que abundam neste país e costuram umas nas outras, até fazer uma peça quadrada, que lhes serve de roupa; ou compram de nós, holandeses, duas varas e meia de pano de lã felpuda, que penduram simplesmente no corpo; do jeito que o pedaço foi tirado da peça, sem costurá-lo e já saem com ele. Contemplam-se a todo momento, julgando-se muito elegante. Eles mesmos fazem meias e sapatos de couro de veado para si, ou apanham folhas de milho, trançam-nas umas nas outras, e usam-nas como calçados. Assim as mulheres como os homens andam com a cabeça descoberta...

Vivem geralmente sem casamento; e se um deles tem esposa, o casamento só perdura enquanto for do agrado de ambas as partes; quando deixa de sê-lo separam-se e cada qual escolhe outro companheiro. Vi casais separados que depois de viver muito tempo com outros, deixam esses outros também, procuram os companheiros anteriores e reconstituem os pares primitivos. E, embora tenham esposas, não deixam de frequentar prostitutas; e se puderem dormir com a esposa de outro homem, entendem que isso é muito bonito.

Megapolensis, Johannes, "Breve história dos índios Mahakuaas", in Syrett, Harold C. (org.), *Documentos históricos dos Estados Unidos*, São Paulo, Cultrix, 1980, p. 32.

13. A CARTA DO CHEFE SEATTLE

Como podeis comprar ou vender o céu, a tepidez do chão? A ideia não tem sentido para nós. Se não possuímos o frescor do ar ou o brilho da água, como podeis querer comprá-los? Qualquer parte desta terra é sagrada para meu povo. Qualquer folha de pinheiro, qualquer praia, a neblina dos bosques sombrios, o brilhante e zumbidor inseto, tudo é sagrado na memória e na experiência de meu povo. A seiva que percorre o interior das árvores leva em si as memórias do homem vermelho. Os mortos do homem branco esquecem a terra de seu nascimento quando vão *pervagar* entre as estrelas. Nossos mortos jamais esquecem esta terra maravilhosa, pois ela é a mãe do homem vermelho.

SOMOS PARTE DA TERRA E ELA É PARTE DE NÓS.

As flores perfumosas são nossas irmãs; os gamos, os cavalos, a majestosa águia, todos são nossos irmãos. Os picos rochosos, a fragrância dos bosques, a energia vital do pônei e o homem, tudo pertence a uma só família.

Assim, quando o Grande Chefe em Washington manda dizer que deseja comprar nossas terras, ele está pedindo muito de nós. O Grande Chefe manda dizer que nos reservará um sítio onde possamos viver confortavelmente por nós mesmos. Ele será nosso pai e nós seremos seus filhos. Se é assim, vamos considerar a sua proposta sobre a compra de nossa terra. Mas tal compra não será fácil, já que esta terra é sagrada para nós.

A límpida água que percorre os regatos e rios não é apenas água, mas o sangue de nossos ancestrais. Se vos vendermos a terra, tereis de vos lembrar que ela é sagrada, e deveis lembrar a vossos filhos que ela é sagrada, e que qualquer reflexo espectral sobre a superfície dos lagos evoca eventos e fases da vida de meu povo.

O marulhar das águas é a voz dos nossos ancestrais.

OS RIOS SÃO NOSSOS IRMÃOS, ELES NOS SACIAM A SEDE.

Levam as nossas canoas e alimentam nossas crianças. Se vendermos nossa terra a vós, deveis vos lembrar e ensinar a vossas crianças que os rios são nossos irmãos, vossos irmãos também, e deveis a partir de então dispensar aos rios a mesma espécie de afeição que dispensais a um irmão.

COLONIZADOS E COLONIZADORES   39

Nós sabemos que o homem branco não entende nosso modo de ser. Para ele um pedaço de terra não se distingue de outro qualquer, pois é um estranho que vem de noite e rouba da terra tudo de que precisa. A terra não é sua irmã, mas sua inimiga, ele vai embora, à procura de outro lugar. Deixa atrás de si a sepultura de seus pais e não se importa. Sequestra os filhos da terra e não se importa. A cova de seus pais é a herança de seus filhos, ele os aquece. Trata a sua mãe, a terra, e a seu irmão, o céu, como coisas a serem compradas ou roubadas, como se fossem peles de carneiro ou brilhantes contas sem valor.

Seu apetite vai exaurir a terra, deixando atrás de si só desertos. Isso eu não compreendo. Nosso modo de ser é completamente diferente do vosso. A visão de vossas cidades faz doer aos olhos do homem vermelho. Talvez seja porque o homem vermelho é um selvagem e como tal nada possa compreender.

Nas cidades do homem branco não há um só lugar onde haja silêncio, paz. Um só lugar onde ouvir o farfalhar das folhas na primavera, o zunir das asas de um inseto. Talvez seja porque sou um selvagem e não possa compreender.

O BARULHO SERVE APENAS PARA INSULTAR OS OUVIDOS.

E que vida é essa onde o homem não pode ouvir o pio solitário da coruja ou o coaxar das rãs à margem dos charcos à noite? O índio prefere o suave sussurrar do vento esfrolando a superfície das águas do lago, ou a fragrância da brisa purificada pela chuva do meio-dia ou aromatizada pelo perfume das pinhas.

O ar é precioso para o homem vermelho, pois dele todos se alimentam. Os animais, as árvores, o homem, todos respiram o mesmo ar. O homem branco parece não se importar com o ar que respira. Como um cadáver em decomposição, ele é insensível ao mau cheiro. Mas se vos vendermos nossa terra, deveis vos lembrar que o ar é precioso para nós, que o ar insufla seu espírito em todas as coisas que dele vivem. O ar que nossos avós inspiraram ao primeiro vagido foi o mesmo que lhes recebeu o último suspiro.

Se vendermos nossa terra a vós, deveis conservá-la à parte, como sagrada, como um lugar onde mesmo um homem branco possa ir sorver a brisa aromatizada pelas flores dos bosques. Assim consideraremos vossa proposta de comprar nossa terra. Se nos decidirmos a aceitá-la, farei uma condição: o homem branco terá que tratar os animais desta terra como se fossem seus irmãos. Sou um selvagem e não compreendo outro modo. Tenho visto milhares de búfalos apodrecerem nas pradarias, deixados pelo homem branco que neles atira de um trem em movimento. Sou um selvagem e não compreendo como o fumegante cavalo de ferro possa ser mais importante que o búfalo, que nós caçamos apenas para nos mantermos vivos. Que será do homem sem os animais? Se todos os animais desaparecessem, o homem morreria de solidão espiritual. Porque tudo que aconteça aos animais, pode afetar os homens. Tudo está relacionado.

DEVEIS ENSINAR A VOSSOS FILHOS QUE O CHÃO ONDE PISAM SIMBOLIZA AS CINZAS DE NOSSOS ANCESTRAIS.

Para que eles respeitem a terra, ensinai a eles que ela é rica pela vida dos seres de todas as espécies. Ensinai a eles o que ensinamos aos nossos: que a terra é a nossa mãe. Quando o homem cospe sobre a terra está cuspindo sobre si mesmo.

De uma coisa temos certeza: a terra não pertence ao homem branco; o homem branco é que pertence à terra. Disso temos certeza. Todas as coisas estão relacionadas como o sangue que une uma família. Tudo está associado.

O QUE FERE A TERRA, FERE TAMBÉM OS FILHOS DA TERRA.

O homem não tece a teia da vida; é antes um de seus fios. O que quer que faça a essa teia, faz a si próprio.

Mesmo o homem branco, a quem Deus acompanha, e com quem conversa como amigo, não pode fugir a esse destino comum.

COLONIZADOS E COLONIZADORES 41

Talvez, apesar de tudo, sejamos todos irmãos. Nós o veremos. De uma coisa sabemos – e talvez o homem branco venha a descobrir um dia: nosso Deus é o mesmo Deus. Podeis pensar hoje que somente vós o possuis, como desejais possuir a terra, mas não podeis. Ele é o Deus do homem e sua compaixão é igual tanto para o homem branco, quanto para o homem vermelho. Esta terra é querida d'Ele, e ofender a terra é insultar o seu Criador. Os brancos também passarão; talvez mais cedo do que todas as outras tribos. Contaminai a vossa cama, e vos sufocareis numa noite no meio de vossos próprios excrementos. Mas no vosso parecer, brilhareis alto, iluminados pela força do Deus que vos trouxe a esta terra e por algum favor especial vos outorgou domínio sobre ela e sobre o homem vermelho. Este destino é um mistério para nós pois não compreendemos como será no dia em que o último búfalo for dizimado, os cavalos selvagens domesticados, os secretos recantos das florestas invadidos pelo odor do suor de muitos homens e a visão das brilhantes colinas bloqueada por fios falantes. Onde está o matagal? Desapareceu. Onde está a águia? Desapareceu. O fim do viver e o início do sobreviver.

Carta do chefe índio Seattle ao então presidente Ulysses Grant, dos Estados Unidos, que pretendia comprar as terras de sua tribo em 1855. (Documento de domínio público)

SUGESTÕES DE ATIVIDADES

1. *Redija um pequeno trabalho, em grupo, sobre as razões da difícil convivência entre brancos e índios.*

2. *Reflita sobre e debata as razões que levavam os brancos a enfrentar todas as dificuldades para explorar a terra americana.*

3. *Divida a classe entre "índios" e "brancos", cada um defendendo a sua visão de mundo. Não fique no debate superficial, mas dê historicidade a ele.*

4. *Resuma cada texto e exponha os argumentos do autor.*

5. *Debata o texto do "velho Seattle" além da questão do meio ambiente.*

AS AMÉRICAS COLONIAIS

Passado o período da conquista, subjugados os nativos, os europeus montaram sua estrutura de exploração nas Américas. Embora semelhante em muitos aspectos, algumas diferenças foram se estabelecendo nas diversas áreas de colonização, como os textos a seguir deixam bem claro.

A dominação espanhola estabelece-se a partir da extração mineral, secundada por uma agricultura de subsistência e de um complexo comercial que permita a chegada dos minerais à Espanha e dos produtos europeus à América colonial. A dominação portuguesa, após um período de extrativismo (pau-brasil, por exemplo), passa a basear-se na produção do açúcar e na importação de escravos. Já a inglesa, embora tenha elementos semelhantes aos da portuguesa (a "plantation" de algodão no sul do que são hoje os Estados Unidos) recebe também uma imigração de famílias que se deslocam em massa para a América devido a problemas políticos e religiosos que enfrentavam na Inglaterra de então.

Este capítulo é muito importante para que se perceba, sem preconceitos, as raízes de questões que nos afligem até hoje.

O *texto 14* analisa as bases da economia colonial espanhola durante os primeiros séculos.

O *texto 15* mostra o desastre demográfico – o nome genocídio também se aplica – que representou a intervenção espanhola na América indígena. No México Central, a população baixou de 25 milhões de habitantes no início do século XVI para pouco mais de 1 milhão 100 anos depois! No Caribe a população indígena praticamente desapareceu. O texto mostra as implicações desse fenômeno na economia e sociedade coloniais.

O *texto 16* fala da especificidade da colonização inglesa, com excedentes populacionais devido às transformações profundas ocorridas na agricultura inglesa no período.

AS AMÉRICAS COLONIAIS   43

O *texto 17* é de autoria do grande filósofo francês Jean-Paul Sartre e faz referência ao neocolonialismo do século XX, à presença de franceses na África e na Ásia especificamente. Contudo, a psicologia do "conquistador" e a mecânica do dominador são as mesmas. Leia o texto com atenção.

14. BASES DA ECONOMIA COLONIAL

Ao longo dos primeiros duzentos anos de dominação colonial, os espanhóis desenvolveram um setor mineiro que permitiu a manutenção da economia metropolitana e da posição internacional espanhola em meio às demais nações da Europa Ocidental. As primeiras descobertas ocorreram no México e no Peru, no curto período de vinte anos (1545-65). Os enclaves necessitavam de grande quantidade de mão de obra indígena que, recrutada por sorteio, era encaminhada periodicamente às minas, retornando a seguir às comunidades de origem para ser substituída por novos contingentes requisitados de igual maneira. Os horrores desse tipo de mão de obra forçada (*mitas*) constituem uma vasta literatura de exploração.

As operações do setor necessitavam, naturalmente, de muito mais que simples mão de obra. Os trabalhadores precisavam de alojamentos, armazéns, igrejas e tavernas. Por seu turno, as minas precisavam de escoras para os poços, de alvenaria, de cabrestantes, de escadas e de grande quantidade de couro. Necessitava-se, igualmente, de mulas e cavalos, nas cidades e nas minas, para transporte das barras para os locais de cunhagem e portos de exportação, para o transporte dos produtos das plantações e das estâncias e para o carregamento das mercadorias europeias que aportavam ao litoral e que eram requisitadas pelos centros de mineração (utensílios de ferro e aço, artigos de luxo e, acima de tudo, o mercúrio, utilizado na amalgamação da prata a partir dos minérios brutos). A mineração criou, igualmente, um mercado interno voltado para o consumo da produção colonial de têxteis de lã e algodão elaborados por artesãos individuais. Apesar das proibições, essa produção artesanal expandiu-se bastante, já que os atacadistas importadores-exportadores manipulavam unicamente as lãs e sedas de excelente qualidade e altos preços fornecidos pela Europa Ocidental ou Extremo Oriente.

JAIME PINSKY/HECTOR BRUIT

Os espanhóis necessitaram de setenta a oitenta anos para ocupar o território que viria a se tornar o seu império na América. Levaram duzentos anos em tentativas e erros para estabelecer os elementos de uma economia colonial vinculada à Espanha e, através desta, à Europa Ocidental. Por volta de 1700, esses elementos eram os seguintes: 1) uma série de enclaves de mineração, no México e no Peru; 2) áreas de agricultura e pecuária situadas na periferia dos enclaves de mineração e voltadas para o fornecimento de gêneros alimentícios e matérias-primas; e 3) um sistema comercial planejado para permitir o escoamento da prata e do ouro (em espécie ou em lingotes) para a Espanha que, de posse dessa riqueza, adquiria os artigos produzidos na Europa Ocidental e escoados através de portos espanhóis para as colônias americanas. Para a maioria dos espanhóis e de seus descendentes americanos, em 1700, os dias gloriosos pertenciam ao passado, à época da conquista, à organização dos povos subjugados, à criação de um vasto aparelho burocrático e, acima de tudo, à descoberta e exploração das minas de prata mais ricas que o mundo jamais conhecera.

A orientação exportadora – característica inicial da economia latino-americana e, até hoje, seu traço dominante e uma de suas principais heranças – foi o produto dos dois primeiros séculos do colonialismo espanhol e da forte expansão da mineração no altiplano e nos Andes centrais, regiões que até então abrigavam culturas avançadas, detentoras de tecnologia agrícola e densidade populacional. Foi exatamente nessas regiões que os espanhóis abriram as minas e criaram os subsetores vinculados aos núcleos mineiros e às grandes propriedades fundiárias dedicadas à lavoura e à pecuária.

Foram, em verdade, o excedente agrícola, as habilidades e a mão de obra indígena que asseguraram o sucesso da empresa mineira espanhola. A introdução da economia de mineração (utilizando tecnologia primitiva), desempenhou o papel de lâmina de corte do capitalismo europeu ocidental. O sucesso da empresa literalmente dizimou a população indígena e destruiu as estruturas agrárias anteriores à conquista. A estância, unidade produtora voltada para a pecuária, surgiu das ruínas dessas culturas dizimadas pelos espanhóis.

Stanley, J. S. e Stein B. *A herança colonial na América Latina*. Rio de Janeiro, Paz e Terra, 1976, pp. 29-35.

AS AMÉRICAS COLONIAIS   45

15. MINERAÇÃO E DEMOGRAFIA

...os fazendeiros, donos de lojas, proprietários de estâncias e compradores de gado costumam vender seus trabalhadores juntamente com as propriedades. – O quê? Esses trabalhadores indígenas e empregados são livres ou escravos? – Não importa. Pertencem à fazenda e devem continuar nela a servir. Este indígena é propriedade do meu senhor.

Jerónimo de Mendieta, *História eclesiástica indiana*, 1595-1596.

(...)
Os espanhóis que buscaram o Novo Mundo deixaram atrás de si uma sociedade caracterizada por aristocratas rurais, uma pequena burocracia, reduzidos centros urbanos e uma grande massa de camponeses e trabalhadores rurais. Seu procedimento lógico foi a recusa à criação de fazendas familiares em um mundo colonial que já dispunha de vastas extensões de terra e amplos contingentes de agricultores ameríndios, habilidosos e subservientes – terras e mão de obra que se constituíram em presas de guerra. Passaram imediatamente a exigir o acesso à mão de obra e aos suprimentos de víveres. Em síntese, passaram à exploração das populações indígenas, colocando-as como vassalos da monarquia espanhola. Os indígenas aravam, semeavam e procediam à colheita nas terras dos novos senhores espanhóis. Inexistindo animais de carga, carregadores indígenas eram compelidos, aos milhares, a transportar às costas as mercadorias entre as diversas regiões.

As consequências imediatas da conquista e ocupação das áreas mais densamente povoadas da civilização ameríndia foram desastrosas. O somatório de doenças epidêmicas (varíola, sarampo, febre tifoide), superexploração do trabalho e debilitação física resultante, choque cultural induzido pela remodelação de uma sociedade comunal em termos individualistas e orientados para o lucro, acabou por produzir, no século XVI (e no início do XVII) um dos declínios demográficos mais desastrosos jamais registrados pela história mundial. Entre 1492 e 1550, a conquista literalmente aniquilara a população indígena caribenha, a primeira a ser submetida e dizimada. No México central, uma população de aproximadamente 25 milhões, em

46 JAIME PINSKY/HECTOR BRUIT

1519 (segundo cálculos recentes) achava-se reduzida a pouco mais de 1 milhão em 1605. Nos Andes centrais – para os quais dispomos de poucos estudos de história demográfica – parecem ter-se repetido os mesmos padrões gerais de destruição geográfica decorrente da ocupação espanhola. Um contingente populacional calculado entre 3,5 e 6 milhões (em 1525) foi reduzido para 1,5 milhão (por volta de 1561) somente retornando ao índice de 6 milhões cerca de 1754. O choque cultural (ao longo do século XVI), a corveia ou a *mita* (ao longo desse e do século seguinte), a escravidão por dívidas (no século XVIII) constituem a sequência de fatores geralmente aceita como explicação para o declínio da população ameríndia.

A destruição demográfica na América tornou-se, sem sombra de dúvida, fator de fundamental importância na recessão da atividade mineira desenvolvida no México, e no Peru após 1596 e que perdurou, no México, por cerca de 100 anos. A produção mineira decaiu constantemente e suas repercussões fizeram-se sentir nas grandes propriedades fundiárias, próximas ou distantes, que se haviam desenvolvido em torno dos enclaves mineiros, voltadas para o fornecimento de milho e trigo, favas, forragem, mulas, burros e cavalos, carne de porco e carneiro, couro cru e tecidos de baixa qualidade.

Os proprietários das minas e os comerciantes transferiram seus investimentos para a terra, acelerando a formação do latifúndio. Sem o incentivo (ou estímulo) fornecido pelas minas (sua produção de prata, força de trabalho e dependentes), as grandes propriedades tenderiam a se tornar relativamente autossuficientes. Para a elite econômica e social, proprietários de minas e proprietários de estância, a maior preocupação consistia na manutenção de um fluxo de oferta de mão de obra adequada e de confiança. As comunidades indígenas próximas foram pressionadas, através da apropriação de suas terras, para fornecer essa mão de obra. Essas pressões foram igualmente efetivadas através do encorajamento à residência nas propriedades, em troca de pequenas importâncias a título de tributos ou pequenos impostos. Uma vez estabelecidos nas propriedades, os indígenas recebiam novos adiantamentos relativos à alimentação e bebida, sacramentos de batismo, casamento e morte. A escravidão por dívidas passou a constituir a principal modalidade de recrutamento e manutenção da mão de obra. Outros vínculos, além das importâncias em

AS AMÉRICAS COLONIAIS 47

dinheiro, ligavam o patriarca-proprietário rural a seus dependentes semisservis. A fazenda passou a tornar-se um local de refúgio para aqueles ameríndios que considerassem as pressões comunitárias insuportáveis; a estes, a fazenda oferecia uma certa forma de segurança. O indígena oferecia seu trabalho e fidelidade, recebendo em troca rações diárias, tratamento médico primitivo, conforto religioso e uma posição inferior estabelecida. A fazenda – em seu duplo papel de unidade produtora e núcleo social patriarcal – sobreviveu, até 1910, como legado colonial no México e, até mais tarde, na Guatemala, Equador, Bolívia e Peru. As comunidades ameríndias, igualmente, buscaram sobreviver – através da tradição, linguagem, vestimentas e consenso grupal – a essa sociedade e economia expansionistas, capitalistas, monetarizadas, características das pressões exercidas pelo mundo do homem branco sobre a terra e a mão de obra indígenas – um padrão igualmente familiar aos estudiosos das reservas indígenas nos Estados Unidos.

Stanley, J. S. e Stein, B. *A Herança colonial na América Latina*. Rio de Janeiro, Paz e Terra, 1979, pp. 32, 33, 36, 37, 38.

16. A COLONIZAÇÃO INGLESA

As Antilhas inglesas se povoaram com maior rapidez que as francesas e com menos assistência financeira do governo, provavelmente devido à maior facilidade de recrutamento de colonos que apresentavam as ilhas britânicas. O século XVII foi uma etapa de grandes transformações sociais e de profunda intranquilidade política e religiosa nessas ilhas. Nos três quartos de século que antecederam ao *Toleration Act* de 1689 a intolerância política e religiosa deu origem a importantes deslocamentos de população dentro das ilhas e para o exterior. Esses movimentos de população provocados por fatores religiosos e políticos estão intimamente ligados ao início da expansão colonizadora inglesa da primeira metade do século XVII, mas de nenhuma forma explicam esta última. O transporte de populações através do Atlântico requeria na época vultosas inversões. Sem embargo, o fato de que importantes grupos de população estivessem

48 JAIME PINSKY/HECTOR BRUIT

dispostos a aceitar as mais duras condições para emigrar criou a possibilidade de exploração de mão de obra europeia em condições relativamente favoráveis. Organizaram-se importantes companhias com o objetivo de financiar o traslado desses grupos de população, as quais conseguem amplos privilégios econômicos sobre as colônias que chegam a fundar. Somente em casos excepcionais e com objetivos militares explicitamente declarados – como ocorreu na Geórgia já em pleno século XVIII – o governo inglês tomará a seu cargo o financiamento do traslado da população colonizadora.

A colonização de povoamento que se inicia na América no século XVII constitui, portanto, seja uma operação com objetivos políticos, seja uma forma de exploração de mão de obra europeia que um conjunto de circunstâncias tornara relativamente barata nas Ilhas Britânicas. Ao contrário do que ocorrera com Espanha e Portugal, afligidos por uma permanente escassez de mão de obra quando iniciaram a ocupação da América, a Inglaterra do século XVII apresentava um considerável excedente de população, graças às profundas modificações de sua agricultura iniciadas no século anterior. Essa população, que abandonava os campos na medida em que o velho sistema de agricultura coletiva ia sendo eliminado, e em que as terras agrícolas eram desviadas para a criação de gado lanígero, vivia em condições suficientemente precárias para submeter-se a um regime de servidão por tempo limitado, com o fim de acumular um pequeno patrimônio. A pessoa interessada assinava um contrato na Inglaterra, pelo qual se comprometia a trabalhar para outra por um prazo de cinco a sete anos, recebendo em compensação o pagamento da passagem, manutenção e, ao final do contrato, um pedaço de terra ou uma indenização em dinheiro. Tudo indica que essa gente recebia um tratamento igual ou pior ao dado aos escravos africanos.

O início dessa colonização de povoamento no século XVII abre uma etapa nova na história da América. Em seus primeiros tempos essas colônias acarretam vultosos prejuízos para as companhias que se organizam. Particularmente grandes são os prejuízos das colônias que se instalam na América do Norte. O êxito da colonização agrícola portuguesa tivera como base a produção de um artigo cujo mercado se expandira extraordinariamente. A busca de artigos capazes de criar mercados em expansão constitui a preocupação dos novos núcleos coloniais. Demais, era necessário encontrar

AS AMÉRICAS COLONIAIS   49

artigos que pudessem ser produzidos em pequenas propriedades, condição sem a qual não perduraria o recrutamento de mão de obra europeia. Em tais condições, os núcleos situados na região norte da América setentrional encontraram sérias dificuldades para criar uma base econômica estável. Do ponto de vista das companhias que financiaram os gastos iniciais de traslado e instalação, a colonização dessa parte da América constitui um efetivo fracasso. Não foi possível encontrar nenhum produto, adaptável à região, que alimentasse uma corrente de exportação para a Europa capaz de remunerar os capitais investidos. Com efeito, o que se podia produzir na Nova Inglaterra era exatamente aquilo que se produzia na Europa, onde os salários estavam determinados por um nível de subsistência extremamente baixo, na época. Demais, o custo do transporte era de tal forma elevado, relativamente ao custo de produção dos artigos primários, que uma diferença mesmo substancial nos salários reais teria sido de escassa significação.

As condições climáticas das Antilhas permitiam a produção de um certo número de artigos – como o algodão, o anil, o café e principalmente o fumo – com promissoras perspectivas nos mercados da Europa. A produção desses artigos era compatível com o regime da pequena propriedade agrícola, e permitia que as companhias colonizadoras realizassem lucros substanciais, ao mesmo tempo que os governos das potências expansionistas – França e Inglaterra – viam crescer as suas milícias.

Os esforços realizados, principalmente na Inglaterra, para recrutar mão de obra no regime prevalecente de servidão temporária, intensificaram-se com a prosperidade de negócios. Por todos os meios procurava-se induzir as pessoas que haviam cometido qualquer crime ou mesmo contravenção a vender-se para trabalhar na América em vez de ir para o cárcere. Contudo, o suprimento de mão de obra deveria ser insuficiente, pois a prática do rapto de adultos e crianças tendeu a transformar-se em calamidade pública nesse país. Por esse e outros métodos a população europeia das Antilhas cresceu intensamente, e só a ilha de Barbados chegou a ter, em 1634, 37.200 habitantes dessa origem.

Furtado, Celso. *Formação econômica do Brasil*. São Paulo, Nacional, 1987, pp. 21-23.

17. OS CONDENADOS DA TERRA

Nossos soldados no ultramar rechaçam o universalismo metropolitano, aplicam ao gênero humano o "numerus clausos"; uma vez que ninguém pode sem crime espoliar seu semelhante, escravizá-lo ou matá-lo, eles dão por assente que o colonizado não é o semelhante do homem. Nossa tropa de choque recebeu a missão de transformar essa certeza abstrata em realidade: a ordem é rebaixar os habitantes do território anexado ao nível do macaco superior para justificar que o colono os trate como bestas de carga. A violência colonial não tem somente o objetivo de garantir o respeito desses homens subjugados; procura desumanizá-los. Nada deve ser poupado para liquidar as suas tradições, para substituir a língua deles pela nossa, para destruir sua cultura sem lhes dar a nossa; é preciso embrutecê-los pela fadiga. Desnutridos, enfermos, se ainda resistem, o medo concluirá o trabalho: assestam-se os fuzis sobre o camponês; vêm civis que se instalam na terra e o obrigam a cultivá-la para eles. Se resiste, os soldados atiram, é um homem morto; se cede, degrada-se, não é mais um homem; a vergonha e o temor vão fender-lhe o caráter, desintegrar-lhe a personalidade. A coisa é conduzida a toque de caixa, por peritos: não é de hoje que datam os "serviços psicológicos". Nem a lavagem cerebral (...) E não afirmo que seja impossível converter um homem num animal; digo que não se chega a tanto sem o enfraquecer consideravelmente; as bordoadas não bastam, é necessário recorrer à desnutrição. É o tédio com a servidão. Quando domesticamos um membro da nossa espécie, diminuímos o seu rendimento e, por pouco que lhe damos, um homem reduzido à condição de animal doméstico acaba por custar mais do que produz. Por esse motivo os colonos veem-se obrigados a parar a domesticação no meio do caminho: o resultado, nem homem, nem animal, é o indígena. Derrotado, subalimentado, doente, amedrontado, mas só até certo ponto, tem ele, seja amarelo, negro ou branco, sempre os mesmos traços de caráter: é um preguiçoso, sonso e ladrão, que vive de nada e só reconhece a força.

Extraído do Prefácio de Jean-Paul Sartre à obra: Fanon, Frantz. *Os Condenados da Terra*, Rio de Janeiro, Civilização Brasileira, 1979, pp. 9-10.

AS AMÉRICAS COLONIAIS   51

SUGESTÕES DE ATIVIDADES

1. *"As comunidades ameríndias buscaram sobreviver através de tradição, linguagem, vestimentas e consenso grupal..." (texto 15).*

"Nada deve ser poupado para liquidar as suas tradições, para substituir a língua deles pela nossa, para destruir sua cultura..." (texto 17).

Os dois textos referem-se à importância da cultura na sobrevivência de um povo, ou em sua destruição. Explique esta afirmação.

O que você entende por cultura? Considerando os trechos acima, o que significa cultura na trajetória de um povo?

2. *Procure o sentido da palavra aculturar. Dê exemplos de aculturação.*

3. *Se possível, faça uma enquete entre seus amigos sobre o significado da cultura na vida deles.*

4. *Encontre no texto três razões de ordem histórica e de ordem geográfica que expliquem a ocorrência de povoamento em terras inglesas da América.*

5. *Relacione o texto 14, com a colonização da América Latina.*

EDUCAÇÃO, COSTUMES E RELIGIÃO

Este capítulo tem por objetivo levar-nos a pensar na importância do estudo da cultura, para que possamos sentir mais vivamente a história do continente americano. É, principalmente, através da vida cultural que se pode conhecer os valores, os costumes e os anseios que caracterizam o homem de determinada época e região. Naturalmente, quando falamos em cultura, estamos pensando no sentido mais amplo, que abrange toda a criatividade humana, as características específicas dos vários grupos, a vida palpitando, enfim.

Os *textos 18 e 19* falam de educação: o primeiro mostra a forma dogmática e autoritária de formação dos alunos na Província do Paraguai, em que o rei Carlos IV surgia como verdade revelada por Deus. O outro mostra a sofisticação do ensino em Harvard, ainda hoje um dos principais centros de educação, através de sua universidade.

O *texto 20* é amargo, na medida em que relaciona certos costumes dos índios andinos à forma de exploração que se desenvolveu lá pelos espanhóis. Veja como a própria Igreja cobrava impostos sobre a coca que se constituía num dos seus mais importantes proventos.

O *texto 21* fala da origem de um importante elemento da cultura brasileira, o carnaval, e do precursor do atualmente proibido lança-perfume, o limão de cheiro. Carnaval também é história.

O *texto 22*, extraído de um livro patrocinado pela própria Igreja, fala das justificativas dadas pela Igreja para aceitar a escravidão e até se utilizar dela, na América Latina.

18. CARTILHA REAL PARA OS JOVENS DA PROVÍNCIA DO PARAGUAI

P. Quem sois vós?

R. Sou um fiel *Vassalo* do Rei da Espanha.

P. Quem é o Rei da Espanha?

R. É um Senhor tão absoluto que não existe outro que lhe seja superior na Terra.

P. Como se chama?

R. O Senhor Dom Carlos IV.

P. De onde vem seu Poder Real?

R. Do próprio Deus.

P. Sua pessoa é sagrada?

R. Sim, Padre.

P. Por que é sagrada?

R. Por causa do seu cargo.

(...) P. Por que o Rei representa Deus?

R. Porque é escolhido por sua Providência para a execução de seus planos.

(...) P. Quais são as características da autoridade Real?

R. Primeira: ser sagrada; segunda: ser Paternal; terceira: ser Absoluta; quarta; ser Racional.

(...) P. O Rei trabalha como Ministro de Deus e seu Representante?

R. Sim, porque por meio Dele governa seu Império.

P. Que pecado se comete atacando a pessoa do Rei?

R. Sacrilégio.

P. Por que é sacrilégio?

R. Porque os Reis são ungidos com os óleos sagrados e porque recebem seu *Poder Soberano* do mesmo Deus.

P. É conveniente respeitar o Rei?

R. Sim, como coisa sagrada.

P. O que merece quem não age assim?

R. É digno de morte.

(...)

P. Quais são os outros a quem estamos subordinados?

R. A todos aqueles a quem Ele delega sua autoridade, como os seus enviados para a aprovação das boas ações e castigo das más.

P. Quando os funcionários não cumprem suas obrigações é preciso respeitá-los?

R. Sim, Padre: devemos respeitar não só aos bons e moderados, mas também aos incômodos, preguiçosos e injustos. (...)

P. Qual é a primeira obrigação de um cristão?

R. Depois de amar, temer e servir a Deus e obedecer [às] suas Santas Leis, ter inteiro respeito, amor, fidelidade e obediência [ao Rei]. Porque isto é um preceito de Deus e a ordem que Ele estabeleceu para o governo do mundo, e quem assim não age, desobedece o próprio Deus, como ensina o apóstolo São Paulo.

Dom Lázaro de Ribera, Asunción del Paraguay, 17 de maio de 1776. Archivo General de la Nación, nº 286/4285. *Anuário del Instituto Paraguayo de Investigaciones Históricas*, Assunção, 1961-1962, nº 6-7, p. 56-9. In Pinho, Benedicta Marques e outras, *Coletânea de documentos de história da América para o 2º grau – 1ª série*, São Paulo, CENP, 1981, pp. 59-60.

19. O COLÉGIO DE HARVARD

REGRAS E PRECEITOS OBSERVADOS NO COLÉGIO

1. Quando o aluno é capaz de entender *Túlio*, ou algum autor latino clássico desse gênero *extempore*, e escrever e falar Latim em prosa e em verso, *suo ui aiunt Marte*; e declina perfeitamente o paradigma dos *substantivos* e *verbos* na língua *grega*: possibilita-se-lhe, porém nunca antes, a admissão no Colégio.

2. Todo aluno é claramente instruído e seriamente instado a ponderar na principal finalidade da sua vida e dos seus estudos, *a conhecer Deus e Jesus Cristo, que é a vida eterna*, João 17:3, e, portanto, a depositar *Cristo* no fundo, como a única base de todo conhecimento e Saber verdadeiros.

EDUCAÇÃO, COSTUMES E RELIGIÃO

E visto que só o Senhor dá a sabedoria, todos devem orar seriamente em segredo para buscá-la junto dele, *Prov.* 2:3.

3. Cada qual deverá exercitar-se na leitura das Escrituras duas vezes por dia, de modo que esteja pronto para prestar contas de sua proficiência nisso, tanto nas observações *Teóricas* do idioma, quanto na *Lógica* e nas verdades *Práticas* e espirituais, segundo lhe solicitar o Instrutor, de acordo com sua capacidade; visto que *a entrada da palavra dá luz, dá compreensão aos simples,* Salmos, 119:130.

4. Os Alunos evitarão toda profanação do Nome, Atributos, Palavra, Ordenações e tempos de Adoração de Deus, e estudarão com boa consciência, para conservar na mente, com cuidado, a Deus, e ao amor da sua verdade, pois de outro modo saberão que (a despeito do seu Saber) Deus pode abandoná-los *a fortes ilusões* e, no fim, *a uma mente depravada,* 2. Tes. 2: 11, 12. Rom. I: 28.

5. Os Alunos recuperarão estudiosamente o tempo; observarão as horas gerais indicadas para todos, e as especiais para suas próprias *Classes:* e, depois, diligentes, assistirão às Aulas, sem qualquer perturbação por meio de palavra ou gesto. E, se tiverem alguma dúvida, perguntarão, primeiro aos colegas e, em seguida, (em caso de *Não satisfação)* modestamente aos Instrutores.

6. Ninguém deverá, sob nenhum pretexto, seja quem for, frequentar a companhia e a sociedade de homens que levarem uma vida imprópria e dissoluta.

Nem deverá ninguém, sem licença dos Instrutores, ou (na ausência deles) sem ser chamados pelos Pais ou Tutores, viajar para outras Cidades.

7. Todo Aluno estará presente no quarto do Instrutor às 7 horas da manhã, imediatamente após soar o Sino, no momento em que ele abrir a Escritura e rezar, e às 5 horas da tarde, quando prestará contas de seu estudo particular, como ficou dito no terceiro item, e assistirá constantemente às Preleções no Salão às horas marcadas... se alguém (sem um impedimento necessário) se ausentar da oração ou duas Preleções, estará sujeito à Admoestação, se as ausências ocorrerem mais de uma vez por semana.

8. Se se descobrir algum Aluno que tenha transgredido qualquer uma das Leis de Deus, ou da Escola, depois de duas Admoestações ele estará sujeito, se não for *adultus* à correção e, se for *adultus,*

seu nome será entregue aos Supervisores do Colégio, para que possa ser admoestado durante o Ato público mensal.

Os horários e a ordem dos Estudos devem ser obedecidos a menos que a experiência mostre razões para alterá-los.

No segundo e no terceiro dias da semana, serão lecionadas as seguintes matérias:

Para o primeiro ano, às 8 horas da manhã, *Lógica*, nos primeiros três quartos e *Física* no quarto derradeiro.

Para o segundo ano, às 9 horas, *Ética e Política*, a distâncias convenientes de tempo.

Para o terceiro ano, às 10 horas, *Aritmética e Geometria* nos três primeiros quartos, *Astronomia* no último.

À tarde

O primeiro ano faz debates na segunda hora.

O segundo ano na terceira hora.

O terceiro na quarta hora, cada qual de sua Arte.

No quarto dia, aulas de Grego.

Para o primeiro ano, *Etimologia e Sintaxe* na oitava hora.

Para o segundo dia, na nona hora, *Prosódia e Dialética.*

À tarde

O primeiro ano, às 2 horas, praticará os preceitos da *Gramática* nos autores que têm variedade de palavras.

O segundo ano, às 3 horas, praticará *Poesia*, com *Nonnus, Duport*, ou semelhante.

O terceiro ano aprimorará sua *Teoria* antes do meio-dia, e exercitará o *Estilo*, a *Composição*, a *Imitação* e a *Síntese*, não somente em Prosa mas também em Verso.

No quinto dia, aulas de Hebraico e Línguas Orientais.

Gramática para o primeiro ano, às 8 horas.

Para o segundo ano, *Aramaico*, às 9.

Para o terceiro *Sirtaco*, às 10.

À tarde

O primeiro ano praticará leitura da Bíblia na 2ª hora.

O segundo ano em *Ezra e Daniel* na 3ª hora.

EDUCAÇÃO, COSTUMES E RELIGIÃO 57

O terceiro e o quarto anos em *Trostius*, Novo Testamento.
No sexto dia, aulas de Retórica a todos às 8 horas.
Declamações às 9 horas. Ordenadas de tal modo que todo Aluno possa declamar uma vez por mês. No restante do dia vacat *Rhetoricis studiis*. No *Sétimo dia, aulas de Teologia Catequística às 8 horas, Citações às 9 horas.*
À tarde
Na primeira hora, aula de história no Inverno.
A natureza das plantas no Verão.
A síntese de cada Aula será examinada, antes de ser dada nova Aula.

Todo aluno que, num exame, mostrar-se capaz de ler os Originais do *Antigo* e do *Novo Testamento* no idioma Latino, e de explicá-los *Logicamente;* e tiver, além disso, uma vida em conversações piedosas; e em qualquer Ato público tiver a Aprovação dos Supervisores e Diretor do Colégio, estará em condições de ser honrado com o seu primeiro Diploma.

Todo Aluno que se dedicar a escrever um *Sistema*, ou *Sinopse*, ou síntese de *Lógica*, ou de *Filosofia* Natural e Moral, *Aritmética, Geometria e Astronomia;* e estiver pronto para defender sua *Tese* ou posições: além de ser habilidoso nos Originais como acima ficou dito; e, sendo de vida e conversação piedosas, for assim aprovado pelos Supervisores e pelo Diretor do Colégio, em qualquer *Ato* público, estará em condições de receber seu segundo Diploma.

"Os primeiros frutos da Nova Inglaterra, Londres, 1643, folheto reproduzido por Syrett, Harold (org.). *Documentos históricos dos Estados Unidos,* São Paulo, Cultrix, 1980, pp. 30-2.

20. VIDA E COSTUMES NO ALTIPLANO BOLIVIANO

Os turistas adoram fotografar os indígenas do altiplano vestidos com suas roupas típicas. Mas ignoram que a atual vestimenta indígena foi imposta por Carlos III em fins do século XVIII. Os trajes femininos que os espanhóis obrigaram as índias a usarem eram calcados nos vestidos regionais das camponesas da Extremadura, Andaluzia e País Basco, e o mesmo ocorre com os penteados das indígenas, repartidos no meio, impostos pelo vice-rei Toledo. Não acontece o mesmo, em troca, com o consumo de coca, que não nasceu com os espanhóis; já existia nos tempos dos incas. A coca se distribuía, entretanto, com moderação; o governo incaico tinha o monopólio e só permitia seu uso com fins rituais ou para o duro trabalho nas minas. Os espanhóis estimularam intensamente o consumo de coca. Era um negócio esplêndido. No século XVI, gastava-se tanto, em Potosí, em roupa europeia para os opressores como em coca para os índios oprimidos. Quatrocentos mercadores espanhóis viviam; em Cuzco, do tráfico de coca; nas minas de Potosí, entravam anualmente cem mil cestos, com um milhão de quilos de folha de coca. A Igreja cobrava impostos sobre a droga. O inca Garcilaso de la Vega nos diz, em seus "comentários reais", que a maior parte da renda do bispo, dos cônegos e demais ministros da Igreja de Cuzco provinha dos dízimos sobre a coca, e que o transporte e a venda deste produto enriqueciam a muitos espanhóis. Com as escassas moedas que obtinham em troca de seu trabalho, os índios compravam folhas de coca em lugar de comida; mastigando-as, podiam suportar melhor, ao preço de abreviar a própria vida, as tarefas mortais que lhes eram impostas. Além da coca, os indígenas consumiam aguardente, e seus proprietários se queixavam da propagação dos "vícios maléficos". A esta altura do século XX, os índios de Potosí continuam mascando coca para matar a fome e matar-se e continuam queimando as tripas com álcool puro. São as estéreis vinganças dos condenados. Nas minas bolivianas, os operários ainda chamam de *mita* a seu salário, como nos velhos tempos.

Galeano, Eduardo. *As veias abertas da América Latina*, 7ª ed. Rio de Janeiro, Paz e Terra, 1979, p. 58.

21. CENA DE CARNAVAL

Os únicos preparativos do carnaval brasileiro consistem na fabricação dos *limões de cheiro,* atividade que ocupa toda a família do pequeno capitalista, da viúva pobre, da negra livre que se reúne

EDUCAÇÃO, COSTUMES E RELIGIÃO   59

a duas ou três amigas e, finalmente, das negras das casas ricas que, todas, com dois meses de antecedência e à força de economias, procuram constituir sua provisão de cera. .

O *limão de cheiro*, único objeto dos divertimentos do carnaval, é um simulacro de laranja, frágil invólucro de cera de meio milímetro de espessura, cuja transparência permite ver o volume de água que contém. A cor varia do branco ao vermelho e do amarelo ao verde; o tamanho é o de uma laranja comum; vende-se por um vintém e as menores a dez réis. A fabricação consiste simplesmente em pegar uma laranja verde de tamanho médio, cujo caule é substituído por um pedacinho de madeira de 10 a 15 cm que serve de cabo, e mergulhá-la na cera derretida. Operada esta imersão, retira-se o fruto ligeiramente coberto de cera e mergulha-se na água fria, a fim de que se revista de uma película de meio milímetro de espessura, bastante resistente, entretanto. Parte-se em seguida este molde, ainda elástico, a fim de retirar a laranja e, aproximando-se as partes cortadas, solda-se o molde de novo com cera quente, tendo-se o cuidado de deixar a abertura formada pelo pedaço de madeira para a introdução da água perfumada com que deve ser enchido o limão de cheiro.

O perfume de canela, que se exala de todas as casas do Rio de Janeiro durante os dois dias anteriores ao Carnaval, revela a operação, fonte dos prazeres esperados.

Se a batalha de limões, graças a essa familiaridade espontânea tolerada durante três dias seguidos, torna-se muitas vezes a causa de novas relações entre beligerantes, é ela por outro lado motivo de isolamento para as pessoas tranquilas, que se fecham em casa e não ousam sair à janela. Eis, em resumo, a história do carnaval brasileiro.

Debret, Jean Baptiste. *Viagem Pitoresca e Histórica ao Brasil: 1816-1831*. São Paulo, Melhoramentos, 1971, p. 23.

22. RELIGIÃO E ESCRAVIDÃO

Desde suas mais primitivas origens, a Igreja Católica aceitou e promulgou a escravidão como uma prática institucional que se considerava justa, necessária ou inevitável. As Escrituras não a

60 JAIME PINSKY/HECTOR BRUIT

condenavam e esse fato facilitou aos cristãos fazerem uso dela sem problemas de consciência. No tempo de São Paulo, a escravidão era condenada como instituição derivada do pecado dos homens, e com Santo Tomás e as doutrinas aristotélicas admitiu-se a escravidão como derivada da suposta inferioridade moral ou espiritual dos escravizados (Höffner 1957). A escravidão havia desaparecido de grande parte da Europa Norte-Ocidental durante a Idade Média, mas sua prática conservou-se na região do Mediterrâneo. Na Itália, Espanha, Portugal e norte da África, manteve-se a escravidão em consequência das numerosas guerras que por motivos econômicos e religiosos se sucederam. Nesta experiência escravagista, Espanha e Portugal estavam mais próximos da África do que da Europa. Para a Igreja, neste contexto geopolítico, era mais importante a propagação da fé (e os emolumentos que invariavelmente renderiam os territórios conquistados) que os assuntos como a liberdade do homem. Era uma questão de simples prioridade. A escravidão, então, como bem assinala Duchet, era legítima pois contribuía para a propagação do cristianismo. A posse de escravos pelo clero, por sua vez, convertia-se no melhor exemplo da legitimidade da prática. Assim, a Igreja, tanto doutrinalmente, como exemplarmente, defendeu a existência da escravidão. Este fato, tão conveniente ao expansionismo guerreiro monárquico, facilitou a colaboração entre ambas as jurisdições no momento de dispor de prisioneiros e de populações capturadas. Após a tomada de Málaga pelos reis católicos em 1492, e depois de converter em escravos toda a sua população, enviou-se ao papa, como presente, cem cabeças (Ladero Quesada, 1967:71).

Em Sevilha do século XVI, o setor eclesiástico era dos principais proprietários de escravos, fossem mouros, guanches, negros ou índios. Durante todo o século a Igreja não manifestou repúdio ou crítica à escravidão do negro, embora o fizesse, em segmentos importantes, contra a do índio. Mas esta distinção baseava-se mais na conclusão inevitável das próprias premissas do que numa real mudança da ótica da escravidão na instituição.

A escravidão do índio não podia ser justificada em termos religiosos como a do negro pela qual a ação de escravizá-los seria improcedente. A questão ao menos suscitou um debate importante e

EDUCAÇÃO, COSTUMES E RELIGIÃO   61

procedeu à discussão histórica tanto do colonialismo como da liberdade do homem.

Badillo, Jalil Sued. "Igreja e escravidão em Porto Rico no século XVI, *in Escravidão Negra e História da Igreja na América Latina e no Caribe*. Petrópolis, CEHILA, Vozes, 1987.

SUGESTÕES DE ATIVIDADES

1. Leia cuidadosamente os textos 18 e 19 e estabeleça conexão entre eles, anotando semelhanças e diferenças.

2. Discuta a questão do conhecimento racional e da verdade revelada.

3. Pesquise o papel da Igreja na história da dominação espanhola (e portuguesa). Converse com padres ou outros religiosos e procure saber sua opinião. Se quiser, pesquise as atuais correntes dentro da Igreja com relação aos oprimidos.

4. Reflita sobre a função social de coisas como o Carnaval e o vício da coca, procurando entender historicamente essas práticas, a partir da leitura dos textos 20 e 21.

A FORMAÇÃO
DOS ESTADOS NACIONAIS

Por que é que um Estado se torna independente? A resposta óbvia é a de que ninguém gosta de ser dependente. Será que todos os habitantes de uma região lutam ou têm interesse na independência? Ou há interesses divergentes e, nesse caso, quais seriam eles? Há outras questões: por que é que as independências – que, na verdade, são um momento na formação dos Estados nacionais na América Latina –, ocorrem quase todas no século XIX? Seria um sentimento contagioso, feito uma gripe que todo mundo "pega"? Ou há razões históricas para esses movimentos?

No *texto 23* temos uma breve explicação sobre as causas e os objetivos da insurreição das colônias hispano-americanas. O autor trabalha com as contradições e os interesses políticos conflitantes entre espanhóis e crioulos (filhos de espanhóis, nascidos na América).

No *texto 24* vemos um conjunto de documentos que mostram como Bolívar enxergava a questão da liberdade e da cidadania e a maneira como ele enquadrava índios e negros na luta contra os espanhóis.

O *texto 25* é curto e grosso: apresenta um perfil dos acontecimentos políticos mundiais durante as lutas de libertação na América Latina e indaga a quem interessava ou prejudicava a libertação das colônias.

O *texto 26* expõe os acontecimentos que se desenvolveram no pós-independência, mostra a dominação de uma classe sobre as demais e questiona se os objetivos da independência teriam (ou não) sido atingidos.

A FORMAÇÃO DOS ESTADOS NACIONAIS

23. A GUERRA CIVIL NA AMÉRICA

Às costas da América Espanhola chegavam as alternativas da guerra nacional espanhola e as discussões reveladoras das Cortes de Cádiz. Ao mesmo tempo, as tropas espanholas no Novo Mundo, divididas interiormente entre servis e liberais, exteriormente eram a expressão do Império espanhol e reprimiam onde podiam as tentativas crioulas de reassumir a soberania.

Além disso, brotavam na América os interesses regionais privilegiados das classes crioulas, exportadoras e latifundiárias, que geralmente, em relação ao Império britânico, só pensavam em romper com a Espanha para poderem enriquecer à vontade. Contudo, um punhado de patriotas encabeçava em toda parte a ideia nacional hispano-americana e começava a levantar exércitos e a propagar a revolução. Quase concluída esta com a derrota completa da luta militar na península, regressavam para a América alguns oficiais crioulos do exército espanhol como San Martin, Alvear, Iriarre. No exército espanhol na América se refletiam não só as contradições básicas em que se dividia a sociedade espanhola, como ainda os próprios antagonismos americanos. Havia oficiais espanhóis índios como Santa Cruz, que lutaram contra os americanos durante anos antes de incorporarem-se à luta pela independência.

Do mesmo modo, nas planícies venezuelanas, assim como na Colômbia, os espanhóis contavam com o apoio dos crioulos mais humildes, chamados "castas", homens de cor, e que eram cavaleiros e combatentes de primeira categoria. Entre os partidários da independência americana, aparecem numerosos espanhóis liberais. Assim, o drama da ruptura do Império hispano-crioulo se revelará como uma guerra civil, tanto como uma guerra nacional.

A revolução hispano-americana irrompe como consequência direta da invasão napoleônica, Entretanto, uma longa gestação a tinha precedido, na história da Espanha e das Índias. A ruína irresistível do Império espanhol se baseava na impotência de sua burguesia em varrer as instituições arcaicas da sociedade espanhola, conjurar os particularismos feudais e regionais, estabelecer o regime capitalista na península e seus domínios ultramarinos, além de situar a Espanha ao nível que os tempos modernos exigiam. Bonaparte abriu inesperadamente uma via de salvação ao povo espanhol através de

JAIME PINSKY/HECTOR BRUIT

uma guerra de independência nacional que adquire imediatamente uma perspectiva de reforma interior.

As Índias haviam sofrido o mesmo processo de atraso que a metrópole, embora agravado por seu caráter dependente, pela escravidão dos índios e pelo jugo absolutista redobrado. As juntas que se formavam na Espanha se reproduzem em todo território da América hispânica. A covardia do liberalismo e o retorno do absolutismo de Fernando VII por causa da queda de Napoleão encerram toda a possibilidade de manter o Império hispano-americano em bases igualitárias. O fracasso da revolução espanhola abre a etapa das guerras da independência na América. A guerra civil se traslada a este continente, onde combatem espanhóis contra espanhóis e crioulos contra crioulos. O aprofundamento e democratização da luta incorpora logo à guerra as massas indígenas, gaúchas, negras ou mestiças, com o que a independência adquire um caráter verdadeiramente popular. Esta guerra perseguia um duplo objetivo: impedir que a América hispânica recaísse sob o jugo absolutista e conservar a unidade política do sistema de vice-reino através de uma confederação dos novos grandes Estados. Aquele que oferece a formulação mais categórica, razoável e definida dessa última posição é Simon Bolívar. Seu formidável programa parece num certo momento próximo de realizar-se. Porém ele rapidamente se dilui e a morte do libertador simboliza o fracasso de manter a unidade na independência.

Ramos, Jorge Aberlardo. *História de la nación latino-américana.* A. Peña Lilo Editora. Buenos Aires, s/d, pp. 133 e 143-144.

24. ÍNDIOS E NEGROS NA INDEPENDÊNCIA

ABOLIÇÃO DA ESCRAVATURA

Considerando que a justiça, a política e a pátria reclamam imperiosamente os direitos imprescindíveis da natureza, decidi decretar a liberdade absoluta dos escravos que gemeram sob o jugo espanhol

A FORMAÇÃO DOS ESTADOS NACIONAIS

nos três últimos séculos. Considerando que a Republica necessita dos serviços de todos os seus filhos, temos de impor aos novos cidadãos as seguintes condições:

Art. 1º – Todo homem robusto, desde a idade de quatorze até os sessenta anos, deverá se apresentar na paróquia de seu distrito para alistar-se nas bandeiras da Venezuela, vinte e quatro horas depois de publicado o presente decreto.

Art. 2º – Os anciãos, as mulheres, as crianças e os inválidos ficarão doravante dispensados do serviço militar; ficarão dispensados igualmente do serviço doméstico e campestre em que antes estavam empregados em benefício de seus senhores.

Art. 3º – O novo cidadão que se recusa a pegar em armas para cumprir o sagrado dever de defender sua liberdade ficará sujeito à servidão, não apenas ele mas também seus filhos menores de quatorze anos, sua mulher e seus velhos pais.

Art. 4º – Os parentes dos militares empregados no exército libertador gozarão dos direitos e da liberdade absoluta que lhes concede este decreto, em nome da República da Venezuela.

O presente regulamento terá força de lei e será fielmente cumprido pelas autoridades republicanas de Rio Caribe, Carúpano e Cariaco.

Dado no quartel-general de Carúpano, em 2 de junho de 1816.

Bolívar
Manifesto aos habitantes do Rio Caribe,
Carúpano e Cariaco.

O QUE HÁ POR TRÁS DA ABOLIÇÃO

As razões militares e políticas para que eu ordenasse o aproveitamento de escravos são por demais óbvias. Necessitamos de homens robustos e fortes, acostumados à inclemência e à fadiga, de homens que abracem a causa e a carreira com entusiasmo, de homens que vejam sua causa identificada com a causa pública e nos quais o valor da morte seja pouco menos que o de sua vida.

As razões políticas são ainda mais poderosas. Declarou-se a liberdade dos escravos de direito e de fato. O Congresso teve presente o que disse Montesquieu: *Nos governos moderados a liberdade política torna preciosa a liberdade civil; aquele que está privado desta última ainda está privado da outra; vê uma sociedade feliz, da qual não é mesmo parte; encontra a segurança estabelecida para os outros e não para ele. Nada aproxima tanto à condição de animais como o ver-se sempre homens livres e não o ser. Tais pessoas são inimigas da sociedades e seu número seria perigoso. Não se deve admirar que nos governos moderados o Estado tenha sido conturbado pela rebelião dos escravos e que isto tenha raras vezes sucedido nos Estados despóticos.*

Bolívar
Carta ao General Santander
20 de abril de 1820

O ÍNDIO E A INDEPENDÊNCIA

O índio é de um caráter tão dócil que unicamente deseja o repouso e a solidão: não aspira sequer a acaudilhar sua tribo, muito menos a dominar as estranhas. Felizmente esta espécie de homens é a que menos reclama a preponderância, ainda que seu número exceda à soma de outros habitantes. Esta parte da população americana é uma espécie de barreira a conter os demais partidos: ela não pretende a autoridade, porque não a ambiciona nem se crê com aptidões para exercê-la, contentando-se com sua paz, sua terra e sua família. O índio é o amigo de todos porque as leis não estabeleceram a desigualdade entre eles e porque, para obter todas as mesmas dignidades de fortuna e honra que concedem os governos, não há necessidade de recorrer a outros meios que o trabalho e o saber, aspirações que eles odeiam mais do que podem desejar as graças.

Assim, pois, parece que devemos contar com a docilidade de muito mais que a metade da população, posto que os índios e os brancos compõem três quintos da população total; se acrescentarmos os

A FORMAÇÃO DOS ESTADOS NACIONAIS 67

mestiços, que participam do sangue de ambos, o aumento torna-se mais sensível e o temor das cores, consequentemente, diminui.

Bolívar
Trecho da "Carta ao editor da Gazeta Real de Jamaica" – Kingston, 09/1815

Belloto M. e Martinez Corrêa, A. (org.). *Simón Bolívar: política.* São Paulo, Ática, 1983. Coleção Grandes Cientistas Sociais, pp. 41-50.

25. AS AMÉRICAS E O MUNDO

A Inglaterra, dividida entre a tentação de utilizar, no interesse de sua expansão econômica, o imenso campo comercial que lhe ofereceram as Índias revoltadas e o desejo de apoiar o seu aliado espanhol contra Napoleão, não ousa dar aos insurretos a ajuda de que eles tinham necessidade. Os próprios Estados Unidos, apesar das simpatias de Jefferson e de seus amigos, também hesitam: a Nova Inglaterra, que abastece de víveres os exércitos que combatem na Península Ibérica, sacrifica as suas simpatias pelos rebeldes ao seu papel de fornecedora. Os lucros realizados com o comércio peninsular excediam os obtidos com as Índias recentemente abertas ao comércio americano (...)

Napoleão estava muito longe para vir em auxílio dos seus amigos sul-americanos. O bloqueio inglês e a derrota impediram-no de agir. Foi portanto quase reduzidos às próprias forças que os rebeldes tiveram de enfrentar as tropas espanholas.

Chaunu, Pierre. *História da América Latina,* 2ª ed., Difusão Europeia do Livro, 1971, p. 70.

26. O DIA SEGUINTE

Ao ataque de lança ou golpes de facão, foram os expropriados os que realmente combateram, quando despontava o século XIX,

68   JAIME PINSKY/HECTOR BRUIT

contra o poder espanhol nos campos da América Latina. A independência não os recompensou: traiu as esperanças dos que tinham derramado seu sangue. Quando a paz chegou, com ela se reabriu uma época de cotidianas desditas. Os donos da terra e os grandes mercadores aumentaram suas fortunas, enquanto se ampliava a pobreza das massas populares oprimidas. Ao mesmo tempo, e ao ritmo das intrigas dos novos donos da América Latina, os quatro vice-reinados do império espanhol se quebraram em pedaços e múltiplos países nasceram como cacos da unidade nacional pulverizada. A ideia de "nação" que o patriciado latino-americano engendrou parecia-se demasiado à imagem de um porto ativo, habitado pela clientela mercantil e financeira do império britânico, com latifúndios e socavãos à retaguarda. A legião de parasitas que recebera os comunicados da guerra de independência dançando o minueto nos salões das cidades, brindava pela liberdade de comércio em taças de cristais britânicas. Puseram na moda as mais altissonantes palavras de ordem da burguesia europeia: nossos países punham-se ao serviço dos industriais ingleses e dos pensadores franceses. Porém, qual "burguesia nacional" era a nossa, formada pelos donos de terras, os grandes traficantes, comerciantes e especuladores, os políticos de fraque e doutores sem raízes? A América Latina logo teve suas constituições burguesas, muito envernizadas de liberalismo, mas não teve, em compensação, uma burguesia criadora, no estilo europeu ou norte-americano, que se propusesse à missão histórica do desenvolvimento de um capitalismo nacional pujante. As burguesias destas terras nasceram como simples instrumentos do capitalismo internacional, prósperas peças da engrenagem mundial que sangrava as colônias e semicolônias. Os burgueses de vitrina, agiotas e comerciantes, que açambarcaram o poder político, não tinham o menor interesse em impulsionar a ascensão das manufaturas locais, já mortas ao nascer quando o livre-cambismo abriu as portas à avalanche de mercadorias britânicas.

(...) Frustração econômica, frustração social, frustração nacional: uma história de traições sucedeu à independência.

Galeano, Eduardo. *As veias abertas da América Latina.* 24ª ed., Rio de Janeiro, Paz e Terra, 1987, pp. 128-129.

A FORMAÇÃO DOS ESTADOS NACIONAIS

SUGESTÕES DE ATIVIDADES

1. Faça uma pesquisa sobre a política interna da América Latina espanhola no período a que se refere o texto 23. Com os dados obtidos faça uma exposição de charges e discuta com seus colegas a respeito das charges que vocês fizeram.

2. Faça uma análise das posições e interesses de Bolívar. Ele era um liberal ou não? A opinião é sua.

3. O texto 25 apresenta Napoleão como amigo dos insurretos. Você pode dizer o motivo? Faça uma pesquisa e descubra as razões. Faça o mesmo com relação aos EUA e à Inglaterra.

4. Os alunos deverão formar um tribunal onde haverá um promotor que condenará a burguesia como "culpada pelas frustrações que os latino-americanos tiveram após a independência". Também deverá haver um advogado que tentará encontrar fatores para justificar, dentro do contexto político da época, a ação das burguesias da forma como relata o texto 26.

A FORMAÇÃO
DOS ESTADOS UNIDOS

Este capítulo traz documentos que mostram o surgimento da nação que hoje é a mais poderosa do planeta: os Estados Unidos da América do Norte.

Devido à especificidade da colonização inglesa, como foi visto em capítulos anteriores, uma parte da América do Norte foi intensamente ocupada por ingleses e habitantes de ilhas próximas, devido a razões de ordem política e religiosa.

Uma parte desses habitantes localizou-se na Nova Inglaterra (consulte algum mapa histórico para facilitar a compreensão) onde desenvolveu aquilo que se convencionou chamar agricultura de subsistência.

O *texto 27* mostra a importância econômica que possuía a agricultura chamada de "subsistência" e que se tornou importante item de exportação e significativa fonte de renda. Por ser produzida em pequenas propriedades, em estruturas familiares, acabaram criando um estreito vínculo entre o produtor e a terra, vínculo que, evidentemente, não podia surgir na relação entre o escravo e a terra.

O *texto 28* expõe, de forma sintética, as questões políticas decorrentes da independência americana, sacramentada no Tratado de Paris de 1783.

O *texto 29* apresenta trechos da Constituição Americana de 1787, documento sintético e objetivo que começa com a célebre frase "Nós, o povo...". Observe as atribuições dos estados e da União, do Executivo e do Legislativo. Esta constituição continua em vigor.

O *texto 30* apresenta a proclamação assinada por Abraham Lincoln em 1863 que liberta os escravos americanos estabelecidos nos estados... não controlados pelo governo federal, ou seja, pelo próprio Lincoln. Era, porém, um passo irreversível.

A FORMAÇÃO DOS ESTADOS UNIDOS

27. NOVA INGLATERRA X INGLATERRA

Em 1770, as colônias continentais enviaram para as Índias Ocidentais quase um terço de suas exportações de peixe seco e quase todo o seu peixe salgado; sete oitavos de sua aveia, sete décimos de seu trigo, quase toda a sua ervilha e feijão, metade de sua farinha de trigo, toda sua manteiga e queijo, mais de um quarto de seu arroz, quase toda sua cebola; cinco quintos de suas tábuas de pinho, carvalho e cedro, mais da metade de suas aduelas, quase todos os seus arcos; todos os seus cavalos, carneiros, porcos e galinhas; quase todo o seu sabão e velas. (...) Foi a riqueza acumulada em consequência do comércio com as Índias Ocidentais que mais do que qualquer outra coisa sustentou a prosperidade e a civilização da Nova Inglaterra e Colônias do Centro. (...)

Os mercantilistas olhavam com desconfiança especialmente para as colônias do Norte. Estavam cheias de agricultores, comerciantes, pescadores, marinheiros – mas não plantadores. (...)

A rivalidade com a velha Inglaterra era inevitável. Eles estavam capacitados, em virtude de sua situação, a vender seus produtos agrícolas mais barato do que seus competidores ingleses nos mercados das ilhas. Com essa decorrência, a Inglaterra estava perdendo, em vendas e fretes, dois e meio milhões de libras por ano.

Williams, Eric. *Capitalismo e escravidão*. Companhia Editora Americana, Rio de Janeiro, 1964, pp. 121-122.

28. O PROCESSO DE INDEPENDÊNCIA

Com o Tratado de Paris, em 1783, terminaram oficialmente as hostilidades entre americanos e ingleses. Durante a guerra, os estadistas americanos não buscaram implantar uma nova ordem social. Não se propuseram fazer uma revolução total que incentivasse os grupos de condição social inferior ou sem poder a exercerem o poder político e levarem a efeito uma mudança drástica no caráter básico da sociedade. A união das treze colônias contra a Inglaterra foi estimulada por líderes privilegiados que visavam especialmente ao

72   JAIME PINSKY/HECTOR BRUIT

controle local americano e, certamente, à ruptura do pacto colonial com a metrópole inglesa.

Durante a Guerra da Independência, as clivagens políticas entre artesãos, agricultores e comerciantes foram minimizadas pela rachadura básica entre Patriotas e Realistas. Os Patriotas ou *Whigs* ligavam-se a diversos setores que se beneficiariam com a independência, caso ela ocorresse, e que se uniam como proponentes da separação sem consideração quanto às etnicidades ou às nacionalidades. Os Realistas ou *Tories* favoreciam a manutenção do pacto colonial e buscavam reapertar o vínculo entre as colônias e a Inglaterra. Entre eles, contavam-se prósperos comerciantes, proprietários de vastas extensões de terra, advogados ligados à Coroa, o clero da Igreja oficial anglicana e súditos do rei Jorge III que não se entusiasmavam com o alistamento no exército colonial. Os Realistas deixaram a América depois da guerra, e seus cargos e bens foram tomados por abastados Patriotas. A guerra não alterou a distribuição da riqueza da América, mas uma de suas consequências foi a extensão do sufrágio a toda a população branca e masculina.

Depois da guerra, a questão fundamental para os construtores do novo Estado passou a ser a organização de um poder central. Um grupo "nacionalista" composto dos primeiros representantes do governo da Confederação – oficiais militares, diplomatas, estrangeiros, representantes do congresso, grandes financistas e burocratas – propôs a criação de uma autoridade política central. Tal grupo preocupava-se com problemas que deveriam ser resolvidos em nível nacional e não no nível de cada estado. Para ele, era necessário criar um governo central que dispusesse de meios para resolver a questão da distribuição de terras no Oeste, definir a política comercial e tarifária e resolver questões diplomáticas com outros Estados. Essa autoridade não seria mera federação de estados soberanos e sim um governo verdadeiramente nacional, que, segundo um dos seus arquitetos, James Madison, em vez de atuar sobre os estados deveria atuar sem sua intervenção sobre os indivíduos que compunham os estados. (...)

Embora com uma estrutura partidária precária, nessa época, havia entre os proponentes locais um movimento antifederalista identificado com o setor agrário. Era composto de pequenos e autossuficientes produtores agrícolas que viviam nas regiões interioranas

A FORMAÇÃO DOS ESTADOS UNIDOS 73

e tinham apoiado os artigos da Confederação. Tais artigos garantiam a autonomia local de cada estado em face do governo central e por isso atenderam aos interesses dos setores não mercantilizados da população. Interessava aos antifederalistas a redução dos custos governamentais – e, portanto, a redução de impostos – embora eles se comprometessem a providenciar a construção, em cada localidade, de escolas, de igrejas e de estradas por conta própria.

Surgiu, como resultado, um compromisso que dividia a soberania de tal maneira que os diferentes estados que constituíam a União continuaram a governar-se a si próprios em tudo o que dizia respeito à sua prosperidade interna. Por outro lado, a nação inteira, que buscava sua legitimidade na União, constituiu um bloco que assumiu a definição e o controle sobre as questões de natureza social. As atribuições do governo federal foram especificamente estipuladas, ficando estabelecido que os poderes e direitos que não constavam daquelas atribuições seriam remetidos à competência dos governos de cada estado. Assim, os governos estaduais continuariam a assegurar o direito em geral, e o governo federal trataria dos casos de exceção.

Naro, Nancy. *A Formação dos Estados Unidos,* São Paulo/Campinas, Atual/ Edunicamp, 1985, p. 10.

29. A CONSTITUIÇÃO DE 1787

"Nós, o povo dos Estados Unidos, visando a formar uma União mais perfeita, estabelecer a justiça, assegurar a tranquilidade interna, prover a defesa comum, promover o bem-estar geral e garantir para nós e para nossos descendentes os benefícios da liberdade, promulgamos e estabelecemos a Constituição para os Estados Unidos da América.

Artigo I

Seção 1. Todos os poderes aqui conferidos serão confiados ao Congresso dos Estados Unidos, composto de um Senado e de uma Câmara de Deputados. (...)

Seção 8. O Congresso terá poder para fixar e cobrar taxas, direitos, impostos e tributos para pagar as dívidas e prover a defesa comum e o bem-estar geral dos Estados Unidos; mas todos os tributos, direitos e taxas deverão ser uniformes para todo território dos Estados Unidos; (...) [terá poder ainda] para regular o comércio com as nações estrangeiras e entre os diversos estados e com as tribos indígenas; (...)

Seção 10. Nenhum estado poderá firmar qualquer tratado, aliança ou confederação; (...) cunhar moeda; (...) nenhum estado poderá, sem o consentimento do Congresso, fixar quaisquer impostos ou direitos sobre importação ou exportação, exceto no que seja absolutamente necessário para a execução de suas leis de fiscalização; o produto líquido de todos os direitos ou impostos lançados por um estado sobre importação ou exportação pertencerá ao Tesouro dos Estados Unidos, e todas as leis dessa natureza ficarão sujeitas à revisão e ao controle do Congresso. (...)

Artigo II

Seção l. O poder Executivo será investido em um presidente dos Estados Unidos da América; seu período será de quatro anos; juntamente com um vice-presidente, escolhido por igual prazo, será eleito da seguinte forma: cada estado nomeará, de acordo com as regras estabelecidas por sua legislatura, um número de eleitores igual ao número total de senadores e deputados a que tem direito no Congresso. (...)

Artigo III

Seção 1. O Poder Judiciário dos Estados Unidos será investido em uma Corte Suprema e em outras cortes inferiores, a serem oportunamente estabelecidas por determinação do Congresso. Os juízes, tanto da suprema como das cortes inferiores, conservarão seus cargos enquanto bem servirem (...).

Seção 2. O Poder Judiciário se estenderá (...) aos atritos entre dois ou mais estados, entre um estado e cidadãos de outro estado, entre cidadãos de diferentes estados, entre cidadãos do mes-

A FORMAÇÃO DOS ESTADOS UNIDOS 75

mo estado reclamando terras em virtude de concessões feitas por outros estados (...)."

Syrett, Harold C. (org.). *Documentos Históricos dos Estados Unidos*, São Paulo, Cultrix, 1980, pp. 138-145.

30. A EMANCIPAÇÃO DOS ESCRAVOS

Desde o princípio da guerra Lincoln se viu pressionado pelos republicanos radicais para fazer da escravidão a questão principal. Conquanto resistisse com êxito, por algum tempo, a essa pressão, a opinião pública (bem como o seu desejo de influenciar a opinião no exterior) pouco a pouco o forçou a abandonar sua posição original, segundo a qual o primeiro objetivo da guerra era preservar a União. Ele lançou a Proclamação Preliminar no dia 22 de setembro de 1862, e, no dia de Ano Novo de 1863, a Proclamação que era, essencialmente, uma declaração de intenção, pois se aplicava apenas a áreas não controladas pelo governo federal.

PELO PRESIDENTE
DOS ESTADOS UNIDOS DA AMÉRICA

PROCLAMAÇÃO

Enquanto que, no dia 22 de setembro de 1862, era lançada, pelo presidente dos Estados Unidos, uma proclamação, que continha, entre outras coisas, o seguinte:

"Que no dia 1º de janeiro de 1863, todas as pessoas mantidas como escravas dentro de qualquer estado ou de uma designada parte de um estado, cujo povo estivesse em rebelião contra os Estados Unidos, fossem, dessa data em diante, e para sempre, livres; e o governo executivo dos Estados Unidos, incluindo sua autoridade militar e naval, reconhecerá e manterá a liberdade dessas pessoas e não fará nenhum ato ou atos com o fim de reprimir-lhes os esforços para obter sua verdadeira liberdade.

Agora, porém, eu, Abraham Lincoln, presidente dos Estados Unidos, em virtude do poder que me foi conferido como comandante-chefe do Exército e da Marinha dos Estados

76 JAIME PINSKY/HECTOR BRUIT

Unidos em época de rebelião armada contra a autoridade e o governo dos Estados Unidos, e como medida adequada e necessária para sufocar a dita rebelião, neste. 1o dia de janeiro de 1863, e de acordo com o meu propósito, publicamente proclamado durante o pleno período de cem dias a partir do primeiro dia acima mencionado, ordeno e designo como os estados e partes de estados cujo povo se acha, no dia de hoje, em rebelião contra os Estados Unidos, os seguintes, a saber:

[Os Estados Confederados, excetuando-se paróquias da Louisiana, condados da Virgínia e o Estado do Tennessee.]

E em virtude do poder e para a finalidade acima citada, ordeno e declaro que todas as pessoas mantidas como escravos dentro dos designados estados e partes de Estados não livres, e o serão daqui por diante; e que o governo executivo dos Estados Unidos, incluindo suas autoridades militares e navais, reconhecerá e manterá a liberdade das mencionadas pessoas.

E por meio desta proclamação ordeno às pessoas assim declaradas livres que se abstenham de toda violência, a não ser em caso de necessária autodefesa; e recomendo-lhes que, em todos os casos permitidos, trabalhem fielmente mediante salários razoáveis.

E declaro mais e faço saber que tais pessoas de condição apropriada serão recebidas nos serviços armados dos Estados Unidos, a fim de guarnecer fortes, posições, postos e outros lugares, e tripular navios de todos os tipos nos ditos serviços.

E para esta lei, que sinceramente acredito seja um ato de justiça, garantida pela Constituição por necessidade militar, invoco o benigno julgamento da humanidade e o gracioso favor de Deus Onipotente...

Syrett, H. *Documentos históricos dos Estados Unidos*. São Paulo, Cultrix, 1960, pp. 219-220.

SUGESTÕES DE ATIVIDADES

1. Assista algum filme que se passa durante a Guerra da Secessão Americana e discuta-o a partir da análise dos textos do capítulo. Um clássico interessante seria ...e o vento levou, mas há outros disponíveis.

A FORMAÇÃO DOS ESTADOS UNIDOS

2. *Leia cuidadosamente os trechos da Constituição Americana e compare com os da brasileira. Até que ponto uma boa constituição é fundamental para a garantia das liberdades políticas e da prosperidade econômica?*

3. *Pense nas vantagens e desvantagens da agricultura de subsistência (feijão, mandioca, etc.) com relação à grande lavoura (soja, cana-de-açúcar, algodão). Discuta historicamente a questão.*

4. *Discuta o seguinte: o fato de ter havido luta no processo da independência americana foi importante para a constituição de uma grande e rica nação? Pegue outros exemplos e discuta em classe.*

O MOVIMENTO MIGRATÓRIO

Este é um capítulo sobre imigrantes. Muito importante para um país jovem como o nosso com um número significativo de imigrantes que para cá vieram principalmente a partir da segunda metade do século passado. Por que alguém migra? Basicamente, porque espera ter uma vida melhor do que vinha tendo até então. Para grande parte, vida melhor significa mais dinheiro, ou, simplesmente, menos miséria: um pedaço de terra para lavrar, um emprego seguro, um pequeno negócio. Para outros, vida melhor é vida mais livre. Livre de perseguições policiais de intolerância religiosa, de guerras, revoluções ou instabilidades políticas.

De qualquer forma, todo imigrante é dotado de uma dose de espírito de aventura. Pois o fato é que, com poucas exceções, para cada imigrante que sai de uma aldeia europeia onde as condições são extremamente difíceis, vários ficam. As condições objetivas condicionam o movimento migratório, o fluxo, mas não determinam a ação concreta de cada homem, que, no final das contas, é dono de sua decisão.

Na maioria dos casos, evidentemente.

O *texto 31*, fala sobre *quem imigrou*. Explica, de maneira particular, a imigração italiana (devido à qual muitos de nós estamos aqui). É bastante analítico e permite compreender o sentido geral da imigração.

O *texto 32* é a letra de uma canção que, na sua língua bem artística, fala das mesmas coisas que o texto anterior.

O *texto 33* fala das terríveis condições dos imigrantes nos portos de origem e nos navios. Trata-se de uma situação-limite, mas ilustrativa das dificuldades e da força de vontade que tinham de ter os imigrantes.

O MOVIMENTO MIGRATÓRIO   79

O *texto 34* mostra o sucesso de um imigrante, o mitológico Francisco Matarazzo, verdadeiro símbolo do capitalismo na primeira metade deste século.

O *texto 35* mostra imigrantes que não tiveram o mesmo sucesso. A outra face da moeda...

31. QUEM IMIGRAVA?

Por volta de 1870 a Itália, oitavo país da Europa em extensão e quinto em população, com cerca de vinte e cinco milhões de habitantes, era bastante pobre. O Estado, a partir da *unificação*, tinha feito esforços no sentido de promover o comércio e a indústria: as *duanas internas* foram extintas, os túneis internacionais se encontravam em construção e os portos vinham sendo melhorados. Em 1878 já havia 8.208 quilômetros de vias férreas que até 1873 não passavam de 6.882 quilômetros. A indústria começou a tomar maior vulto em fins da década de 70; no entanto, a produção nacional permanecia essencialmente agrícola, e salvo nos vales do Pó e da Campânia, a agricultura, baseada numa técnica insuficiente, produzia um rendimento medíocre. Uma economia apoiada em grandes latifúndios subsistia na Sicília, no sul da Itália e no vale do Pó.

O progressivo aumento da população e o pauperismo decorrente da falta de trabalho existente devido à má situação da agricultura e da indústria acarretavam uma enorme desproporção entre a oferta e a procura da mão de obra. Outro fator negativo era o salário dos trabalhadores, o qual, muitas vezes, não era proporcional ao custo dos gêneros indispensáveis à existência. Na Itália havia grande dificuldade para se encontrar ocupação, que era quase impossível em algumas estações do ano. Os que trabalhavam na lavoura, nessas ocasiões, seguiam para as cidades à procura de emprego e de um melhor salário, provocando um excesso de mão de obra nas regiões urbanas, piorando, não raro, a situação de desemprego.

Existia um número considerável de indivíduos que viviam com muitas dificuldades como o demonstra o caso transcrito pelo *Correio Paulistano*, de 3 de janeiro de 1880: a um anúncio, requisitando

80 JAIME PINSKY/HECTOR BRUIT

mil trabalhadores para a estrada de ferro da Alta-Itália, a cada um dos quais se pagaria 720 réis (em moeda brasileira) diários, responderam 58 mil candidatos.

De 1873 até mais ou menos 1900 o país apresentava-se numa situação de intranquilidade: seu estado político, sua posição europeia, bem como o seu estado econômico não estavam estabilizados.

Tal situação constrangia o italiano menos afortunado a emigrar para outros recantos, frequentemente longínquos, em busca de uma vida melhor e uma posição econômica mais estável.

Se encararmos a emigração dos italianos em geral, isto é, daqueles que partiram da Itália para os diversos países imigratórios, quer da Europa, África, Ásia ou das Américas, verificamos que, na Itália, a emigração permanente contava com um alto contingente de agricultores; porém, estes não constituíam a totalidade. Em 1876 a média foi de 55 a 65%, sendo que por volta de 1895 o máximo atingido foi de 70%. O contingente de artesãos e operários, na emigração permanente, até 1886, manteve uma proporção de 10 a 18%, reduzindo-se em seguida, para 8 e 6%. A porcentagem destes era maior na emigração temporânea do que na permanente.

Os indigentes também constituíam uma porcentagem no contingente emigratório, tanto no temporâneo como no permanente, representando 1% em média.

A média anual de comerciantes e industriais era de cerca de 2% para a emigração permanente e 1,5% para a temporânea. Ainda mais restrita era a emigração de pessoas que exerciam profissões liberais e de artistas de teatro.

Hutter, Lucy Maffei. *Imigração Italiana em São Paulo (1880-1889)*. São Paulo, Instituto de Estudos Brasileiros da Universidade de São Paulo nº 22, 1972, pp. 15-17.

32. POR QUE IMIGRAVAM?

Este trecho é extraído da canção *Italia bella, mostrati gentile*, provavelmente datada de 1899. Esta canção foi encontrada em Porciano, cidadezinha da província de Arezzo, na Toscana, de onde

O MOVIMENTO MIGRATÓRIO

saíram muitos imigrantes para a América, desde o final do século passado até o início do atual:

> Itália bela, mostre-se gentil
> e os filhos não a abandonarão,
> senão vamos todos para o Brasil,
> e não se lembrarão de retornar.
> Aqui mesmo ter-se-ia no que trabalhar
> sem ser preciso para a América emigrar.
>
> O século presente já nos deixa,
> o mil e novecentos se aproxima.
> A fome está estampada em nossa cara
> e para curá-la remédio não há
> A todo momento se ouve dizer:
> eu vou lá, onde existe a colheita do café.

Adaptado de Alvim, Zuleica M. F. *Brava gente. Os italianos em São Paulo – 1870-1920*. São Paulo, Brasiliense, 1986.

33. COMO IMIGRAVAM?

No último dia de permanência no porto britânico, o mesmo oficial de recrutamento veio pela terceira vez a bordo do navio, quando o imediato chamou quatro ou cinco passageiros pelo nome e disse-lhes na presença do capitão, que eles deviam ser soldados e que deveriam ir com o oficial. Eles responderam que não tinham a intenção de ser soldados, que desejavam tão somente ir para a América. Em consequência, o capitão e o imediato agarraram um dos "passageiros", de nome Samuel Vogel, e o arremessaram dentro do bote pertencente ao oficial de recrutamento, o qual estava ao lado do navio. Entretanto, Vogel retornou para bordo do navio, desceu (às cabinas) e escondeu-se, mas foi de novo compelido a voltar atrás com suas roupas, quando o oficial de recrutamento viu-o corar, declarou que ele não precisaria vir com ele e deixou o navio, comentando que não teria vindo a bordo se o capitão não o tivesse pressionado, no dia anterior. O capitão ficou muito alterado com esses homens que rejeitaram o recrutamento e declarou que eles não teriam nada para comer a bordo, que podiam morrer de fome e ordenou que um deles fosse açoitado pela recusa, o que foi executado da maneira mais cruel.

(...) a totalidade dos passageiros, ainda no porto inglês, acusou o capitão de que o tratamento que os homens haviam sofrido não estava de acordo com o combinado (no porto de saída) em Tönningen. O capitão respondeu que eles não estavam mais em Tönningen nem na América, mas na Inglaterra.

Reiniciaram a viagem e depois de quatorze dias o capitão informou que nada mais havia para comer exceto pão e carne. Depois disso, cada pessoa recebeu dois biscoitos, uma caneca de água e a oitava parte de uma libra de carne por dia (aproximadamente 50 g). Essas normas continuaram por duas ou três semanas, quando os passageiros declararam que não poderiam subsistir por mais tempo com a quantidade ínfima que recebiam. Com isso, sem dúvida iriam definhar. A fome e a sede até aquele momento eram grandes, e as crianças choravam continuamente por pão e água. Ante tal situação, alguns homens decidiram procurar pão e arrombaram a despensa, de onde tiraram um pouco. Descobertos pelo capitão e como entre eles estavam alguns daqueles que haviam se recusado a recrutar-se e haviam desobedecido às ordens, foram amarrados e receberam vigorosas chicotadas nas costas. Todos os passageiros foram punidos. Os homens deixaram de receber pão, e as mulheres passaram a receber apenas um biscoito.

Essa punição continuou por nove dias, quando os homens tiveram novamente permissão para receber um biscoito por dia. Entretanto o capitão rapidamente anunciou um dia de jejum compulsório. As condições tornaram-se terríveis, tanto que aquelas cinco pessoas e mais vinte (homens, mulheres e crianças) padeciam extremamente pela necessidade do mínimo para viver, que seria, em último caso, pão. Em pouco tempo, ficaram reduzidos a dez. As crianças remanescentes ficavam estáticas junto ao seio de suas mães. A fome era tão grande a bordo que sofregamente procuravam ossos, estilhaçavamnos com um martelo e comiam-nos. Porém o mais lamentável era que algumas pessoas já próximas da morte arrastavam-se até o capitão e imploravam pelo "amor de Deus" que lhes desse um pedacinho de pão e um gole de água para que ao menos se mantivessem em inani-

O MOVIMENTO MIGRATÓRIO 83

ção. Mas suas súplicas eram em vão, o capitão mais obstinadamente negava e, assim, eles morriam. O choro das crianças por pão era, como fui informado, tão grande, que seria impossível a um homem descrevê-lo.

Geyer Jr., Andreas. *"Letter to the German Society of Philadelphia"* In: Rapp, Friedrich. *Immigration and the Commissioners of Immigration*. New York, 1870, pp. 183-5. Apud Handlin, Oscar. *Immigration as a factor in American History*, New Jersey, Prentice Hall, inc. Englewood Cliffs, 1959.

34. FAZENDO A AMÉRICA

Originário de tradicional família salernitana, à qual pertenceram homens ilustres nas letras e nas profissões liberais, Francesco Matarazzo não viera ao Brasil como simples emigrante. Embarcando num navio a vela, em 1881, chegou ao Rio de Janeiro depois de setenta dias de viagem, com uma carga de vinhos e queijos italianos que deveria constituir a base para o início de suas atividades comerciais no Brasil. Enquanto estava tratando das práticas alfandegárias, porém uma violenta tempestade provocou o naufrágio do navio e a perda total da carga. (...)

Com seu espírito eminentemente prático e uma exata visão da realidade, aliados àquele otimismo que sempre constituiu uma de suas características principais, Matarazzo, após ter observado as modestas possibilidades econômicas da então pequena e sonolenta cidade de São Paulo, resolveu estabelecer-se em Sorocaba, centro de negócios das prósperas zonas agrícolas do interior paulista. (...)

Foi naquele ambiente favorável ao comércio, que Matarazzo iniciou suas atividades, abrindo uma pequena loja de artigos rurais. Entre os produtos mais importantes da região estavam os suínos e, trocando mercadorias por animais, Matarazzo iniciou suas atividades industriais, com a fundação de uma rudimentar fábrica de banha. (...)

Seu profundo senso de equilíbrio e sua admirável visão dos negócios, faziam com que ele construísse por graus cada novo edifício, sobre bases graníticas que poderiam definitivamente resistir a qualquer peso e desafiar qualquer circunstância. (...)

JAIME PINSKY/HECTOR BRUIT

Do artigo publicado em 1930 pelo *Diário de São Paulo* sob o título "O estado Matarazzo", extraímos este trecho:

Existe um novo estado brasileiro. Entre as vinte unidades da Federação, e mais o Distrito Federal e o Território do Acre, existe um estado economicamente rico como São Paulo e mais rico, como volume de riqueza, do que o erário do Distrito Federal ou de Minas ou do Rio Grande do Sul. Referimo-nos ao "Estado Matarazzo" que afortunadamente não se localiza apenas no País de Piratininga, pois abraça a geografia econômica do inteiro Brasil. Enquanto São Paulo tem uma renda bruta de 400 mil contos, Minas de 140 mil, Rio Grande do Sul de 130 mil e a prefeitura carioca de 270 mil, o parque industrial Matarazzo encaixa 350 mil contos. Não há dúvida, portanto, que o conde Francisco Matarazzo financeiramente e economicamente constitui o segundo Estado do Brasil".

Cenni, Franco. *Italianos no Brasil*. 2ª ed., São Paulo, Martins, 1975, pp. 207-209.

35. VIVENDO A AMÉRICA

Do lado esquerdo, toda a parte em que havia varanda foi monopolizada pelos italianos; habitavam cinco a cinco, seis a seis no mesmo quarto, e notava-se que nesse ponto a estalagem estava já muito mais suja que nos outros (...)

Era uma comuna ruidosa e porca a dos demônios dos mascates! Quase que se não podia passar lá, tal a acumulação de tabuleiros, de louça e objetos de vidro, caixas de quinquilharia, molhos e molhos de vasilhame de folha-de-flandres, o diabo! E tudo isso no meio de um fedor nauseabundo de coisas podres que empesteava o cortiço.

Azevedo, Aluísio. *O Cortiço*. São Paulo, Editora Abril Cultural s/d, pp. 203-204.

O MOVIMENTO MIGRATÓRIO   85

SUGESTÕES DE ATIVIDADES

1. Entreviste imigrantes e filhos de imigrantes sobre o motivo de sua imigração. Faça um mural com fotos de imigrantes, documentos e árvores genealógicas. Compare os relatos que você conseguiu com os desse módulo.

2. Veja o filme Gaigin *de Tisuka Iamasaki e discuta com os colegas.*

3. Pesquise e tente encontrar explicações para as diferenças entre os textos 34 e 35 que tratam de imigrantes italianos. Você acha que o trabalho duro e a abnegação são sempre fatores de sucesso e enriquecimento?

4. Analise com seus colegas o significado da imigração para o Brasil e para os Estados Unidos.

A HERANÇA CULTURAL

A formação cultural da América Latina tem componentes muito complexos e contraditórios. Tome-se, por exemplo, o México. Do ponto de vista cultural a historiografia oficial pretende localizar a atual nação mexicana como continuadora dos astecas e identificar os espanhóis como invasores que interromperam – mas não por muito tempo – a continuidade histórico-cultural asteco-mexicana. No entanto, o fato é que a língua oficial falada no México é o espanhol; a religião, a católica romana; a administração, toda calcada no modelo burocrático espanhol. A pirâmide social mexicana é cromática; quanto mais pobres, mais índios, quantos mais ricos, mais europeus.

De outro lado, no Brasil; só há muito pouco assumimos que somos um país negro. Mesmo assim, o mito da superioridade do branco está muito presente em nosso cotidiano, tanto que repetimos frases e expressões racistas como "cabelo ruim", "serviço de negro", "alma branca, alma negra", etc. Catolicismo é chamado de religião e umbanda de superstição. O padrão de beleza é o da raça branca, há uma nítida marginalização da história do negro, já que sequer estudamos a História da África em nossos cursos.

O *texto 36* é uma análise cuidadosa de um importante sociólogo sobre as tendências culturais na história da América.

O *texto 37* mostra o papel da cultura nas mudanças, e estabelece a relação entre arte e política no nosso continente.

O *texto 38* é uma letra de música, Apesar de você tida e havida como um recado de Chico Buarque ao militar que mandava no país na ocasião.

O *texto 39* discute a relação entre tecnologia nacional e soberania cultural. Veja como a cultura é afetada por um modelo de desenvolvimento dependente.

A HERANÇA CULTURAL

36. AS TENDÊNCIAS CULTURAIS NA HISTÓRIA DA AMÉRICA

A cultura dos países da América Latina, vista em perspectiva histórica ampla, está polarizada em quatro tendências principais: colonial, cosmopolita, nacional e socialista. A despeito das diversidades de linguagens, estilos, escolas ou teorias, a arte, a ciência e a filosofia polarizam-se desse modo. É claro que essas tendências não são excludentes, nem se conformam a uma sequência. Muitas vezes mesclamse, baralham-se. Durante o primeiro período, um povo, literalmente, é apenas uma colônia, uma dependência de outro. Durante o segundo período, assimila simultaneamente elementos de diversas literaturas estrangeiras. No terceiro, a sua própria personalidade e o seu sentimento atingem uma expressão bem modulada. (...) abre-se a possibilidade de acrescentar um período, ou uma tendência, socialista, já que o socialismo passou a ser uma realidade política, econômica, social e cultural.

O colonialismo cultural pode ser recriado várias vezes na história: uma vez, rendendo vassalagem à Espanha ou Portugal; outra, à Inglaterra, França, Alemanha e, um pouco mais tarde, aos Estados Unidos.

Naturalmente, o segundo colonialismo é diverso do anterior, expressa outras dependências e abre outras perspectivas. Ao mesmo tempo, esboça o cosmopolitismo.

Pode-se dizer que o cosmopolitismo cultural tende a transformar o intelectual em cronista, viajante. Em sua produção científica, artística ou filosófica, há um quê de distante, estranho, visto de cima. É como se construísse a sua reflexão desde longe, em idioma estrangeiro. Na perspectiva cosmopolita, o nacional pode parecer interessante, curioso, insólito, folclórico.

Esse é o contexto do cosmopolitismo, que acompanha o elitismo inerente ao distanciamento em face dos problemas do povo. Muitos desses intelectuais consideram que os grandes problemas da filosofia, ciência e arte estão em Paris, Londres, Berlim, Nova Iorque. Não se referem a Moscou ou Pequim. E vivem em seus países como exilados, em geral meio afrancesados ou americanizados. Chegam até mesmo a admitir que o operário, camponês, mineiro e outros padecem a brutalidade das ditaduras civis e militares. Sabem da matança havida em Tlatelolco, em 1968, do bombardeiro de La Moneda, sede do governo Allende, em 1973, e muitas outras matanças. Mas esses acontecimentos fogem ao conspícuo da sua arte, ciência ou filosofia. Reconhecem muitos que a condição de vida dos povos latino-americanos é lamentável; reconhecem todos que se deveria fazer qualquer coisa por esses povos. Mas tudo fica na vaga espera de um acontecimento messiânico, apocalíptico cuja ausência parece justificar qualquer inação.

As expressões *civilização* e *barbárie, ordem* e *progresso, mestiço* e *europeu, arcaico* e *moderno, humano* e *cósmico,* traduzem boa parte das ambiguidades produzidas e reproduzidas desde o século XIX. Junto com a europeização dos intelectuais e a rearticulação nas nascentes economias nacionais com a Europa, desenvolvia-se uma visão negativa do povo, dos movimentos sociais indígenas, camponeses e outros. Cultivadas à sombra do poder – muitas vezes como se não fossem fruto da sua semente – arte, ciência e filosofia guardam ressonância da visão do mundo dos conquistadores, antigos e atuais, civis e militares, nativos e estrangeiros.

Tudo isso tem muito a ver com a subordinação econômica, política e militar às nações imperialistas. As "carências" e os "defeitos", ou o "atraso", têm muito a ver com a larga expropriação iniciada com os colonialismos e continuada com os imperialismos. Enquanto processo de âmbito econômico, o imperialismo abrange não só as relações militares e políticas como, inclusive, culturais. Nessa perspectiva, a produção cultural nativa tende ou para a "imitação servil dos estilos, temas, atitudes e usos" literários e outros, ou para a produção dos exotismos que fazem sensação no mercado europeu e norte-americano. Trata-se de uma cadeia de influências determinada pelas relações imperialistas, que aparece como atraso e imitação.

Nem sempre, entretanto, as relações culturais se restringem ao nível e às convivências das classes dominantes. Assim, por exemplo, o modernismo induz intelectuais latino-americanos a redescobrir o povo, o que pode levá-los a descobrir camponeses e operários, ou índios e negros. O vínculo com a cultura universal não impõe necessariamente um caráter dependente ou alienado à totalidade de nossa cultura. Certas vezes uma corrente cultural avançada

A HERANÇA CULTURAL   89

contribui para formar no país uma consciência social efetivamente
nacional-popular, contrária ao espírito da dependência.

Pode-se acrescentar, ainda, que há uma produção cultural *socialista (marxista, dialética ou marxista-leninista)* importante, mesmo
em sociedades em que a revolução socialista não se realizou nem parece próxima. O próprio Mariategui, com *7 Ensaios de Interpretação
da Realidade Peruana,* publicado pela primeira vez em 1928, inau-
gura uma notável corrente de produção marxista no Peru e América
Latina. Na mesma década, Julio Antonio Mella produz contribuições
de valor para a interpretação dialética da realidade cubana e latino-
americana. Entre outras reflexões, Mella argumenta no sentido de
afirmar a importância e a validade da análise marxista. Para dizer que
o marxismo é "exótico" na América Latina – diz ele, polemizando
com Victor Raul Haya de la Torre – seria necessário "provar que aqui
não existe proletariado", que "as forças produtivas são diferentes" das
que se desenvolvem na Europa e Ásia, que "não há imperialismo". E
acrescenta que "é uma coisa elementar para todos os que se dizem
marxistas... que a aplicação dos seus princípios é universal, já que a
sociedade imperialista é também universal". Depois, em 1935, Caio
Prado Júnior publicou *A Evolução Política do Brasil,* seguida de outras obras marxistas nas décadas posteriores. Nos diversos países da
América Latina, outros autores continuaram e desenvolveram a produção cultural a partir da dialética marxista. Também movimentos e
partidos políticos entraram nessa corrente.

Ianni, Octavio. *Revolução e Cultura.* Rio de Janeiro, Civilização Brasileira,
1983, pp. 71-4, 77-81 (Retratos do Brasil, 163).

37. O PAPEL DA CULTURA NAS MUDANÇAS

Toda ditadura começa a ser destruída no momento em que
o povo, operário, camponês, mineiro, empregado, funcionário, faz
uma piada sobre o ditador. Cartunistas como *Quino, Rius e Millôr
Fernandes,* entre muitos outros, expressam também a irreverência e a
sátira da sabedoria popular latino-americana: carnavalizam qualquer

tirania. A piada é uma fantasia popular. Pode ser uma evasão, mas não é uma evasão inocente. Expressa também um reconhecimento que põe em causa, protesta, nega. O humor gera o riso e solapa a pretensa seriedade e eternidade da mais poderosa tirania. O riso significa a negação do governante e da forma do seu governo. Pela sátira, o povo transforma o tirano e os seus comparsas em personagens, caricaturas, fantoches.

A tirania que aparece na obra de arte mural-romance, peça de teatro, poesia – entra na categoria do mágico, maravilhoso, paródico, grotesco. Ao mesmo tempo que tem muito a ver com o real vivido, histórico, tem muito a ver com a invenção ou a fantasia do artista. No limite, as tiranias criadas por *Astúrias, Roa Bastos, García Marquez, Carpentier* e *Viana Filho* são invenções. Não têm nada a ver com o real, na medida em que o real vivido, histórico, não está mais ali. Parece que está, mas não está. É apenas a ilusão da aparência. São citações, jogos, artifícios e artimanhas que os autores assinalam para ajudar e iludir o leitor. São invenções literárias, liberdades poéticas, criações da linguagem.

Mas há um largo intercâmbio entre a língua e as relações sociais, as condições de existência e consciência, a produção material e espiritual. A língua aparece como produto e condição das relações de dependência recíproca e antagonismo. A linguagem é tão antiga quanto a consciência – a linguagem é a consciência real, prática, que existe para os outros homens e, portanto, existe também para mim mesmo; e a linguagem nasce, como a consciência, da carência, da necessidade de intercâmbio com os outros homens. Nesse sentido é que a invenção do artista pode ser a revelação do segredo do real, da história.

Os próprios escritores, aliás, reconhecem que a sua invenção guarda ou recria a fantasia das gentes. O modo de fabular do índio e negro, ou camponês e operário, pode estar presente no modo de fabular do escritor. Um ressoa no outro. Carpentier indica algo nesse sentido quando escreve: "Antes de tudo, para sentir o maravilhoso é necessário ter fé. Aqueles que não acreditam em santos não se podem curar com milagres de santos... ". Astúrias, a partir da forte presença indígena na cultura da Guatemala, observa que o índio tem a faculdade de "criar uma realidade que é mais real do que a própria realidade". E acrescenta: "Creio que esse realismo mágico

A HERANÇA CULTURAL

está muito ligado ao popular, ao americano, ao mais íntimo de nosso pensamento: a possibilidade das duas dimensões; a do sonho e a da realidade que, mescladas, nos dão a super-realidade". Para Roa Bastos, a literatura autêntica surge "quando o escritor submerge nas vigorosas reivindicações de um povo que está, não carente de uma cultura própria, mas negado e marginalizado pela 'cultura' dominante".

O Senhor Presidente, Patriarca, Primeiro Magistrado, Supremo, Benfeitor, Superúnico, Generalíssimo, aparece traiçoeiro e feroz, ao mesmo tempo que equívoco e simulacro. É parodiado pelos seus auxiliares, o criado, o povo. Da mesma forma que é todo-poderoso, também é ambíguo, inseguro, covarde. Representa-se, antes do que é, constrói-se cotidianamente, numa espécie de faina sem-fim, para assegurar-se de ser o que o povo nega cotidianamente: É espelho do que se espelha, inspirado na visão do mundo do homem do povo, e trabalhando essa matéria com engenho e arte, o escritor desenha a figura em que se revela a caricatura. Ao recriar o real, ao fantasiar inclusive as minúcias e os poros desse real, o escritor desvenda as contrariedades do que é. O tirano aparece como invenção de si mesmo. Aparece como se fora na invenção popular, do trabalhador, camponês, mineiro, operário, empregado, funcionário. Essa é uma das formas pelas quais a sabedoria popular alcança o governo, a tirania, o Estado burguês. Ao inspirar a carnavalização cultural que o escritor trabalha, o povo trabalha a carnavalização do ditador e da ditadura. Em forma cultural, o artista recria e destrói a tirania, com base na matéria de criação trabalhada pelo movimento popular. "Faz tempo que o homem procura libertar-se da alienação pela cultura e a arte". Ao imaginar o presente sob outra forma, a cultura e a arte realizam uma espécie de invenção do devir.

Ianni, Octávio. *Revolução e Cultura*. Rio de Janeiro, Civilização Brasileira, 1983, pp. 100-4 (Retratos do Brasil, 163).

38. APESAR DE VOCÊ

Hoje você é quem manda
falou, tá falado, não tem discussão

a minha gente hoje anda falando de lado
e olhando pro chão
E você que inventou esse estado
e inventou de inventar toda a escuridão
você que inventou o pecado
esqueceu-se de inventar o perdão
Apesar de você, amanhã há de ser outro dia
eu pergunto a você onde vai se esconder
da enorme euforia?
Como vai proibir quando o galo insistir em cantar?
Água nova brotando e a gente se amando sem parar
Quando chegar o momento
esse meu sofrimento vou cobrar com juros, juro!
Todo esse amor reprimido
esse grito contido
esse samba no escuro
Você que inventou a tristeza
ora, tenha a fineza de desinventar
Você vai pagar é dobrado
cada lágrima rolada nesse meu penar
Apesar de você, amanhã há de ser outro dia
Ainda pago pra ver o jardim florescer
qual você não queria
Você vai se amargar vendo o dia raiar
sem lhe pedir licença
E eu vou morrer de rir
esse dia há de vir
antes do que você pensa
Apesar de você, amanhã há de ser outro dia
Você vai ter que ver a manhã renascer
a esbanjar poesia
Como vai explicar vendo o céu clarear, de repente, impunemente?
Como vai abafar nosso povo a cantar na sua frente?
Apesar de você, amanhã há de ser outro dia
Você vai se dar mal, etc. e tal...

(Chico Buarque de Holanda)

39. A CULTURA SOB O IMPACTO DA TECNOLOGIA

A expressão transferência de tecnologia é cada vez mais utilizada em nossos dias por engenheiros, economistas e homens de Estado, para caracterizar o processo de transferência e implantação de fábricas e equipamentos industriais nos países em vias de desenvolvimento, previsto por certos "programas de ajuda ao desenvolvimento" concebidos e aplicados pela maior parte dos países industrializados.

Essa expressão, entretanto, tem ao mesmo tempo uma conotação de transferência de conhecimentos científicos e tecnológicos que não corresponde, ao meu ver, à realidade. É preciso dar às coisas os seus verdadeiros nomes. A implantação de uma fábrica implica certamente a formação de operários especializados e contingentes recrutados na população local necessários ao seu funcionamento. Essa fábrica funciona graças a um certo número de operações e de técnicas que os trabalhadores devem aprender. Mas, na maior parte dos países do Terceiro Mundo, é feita uma determinada escolha política que lhes impõe um modelo e um sistema de desenvolvimento dependente. Segundo esse modelo, posto em ação na quase totalidade dos países da América Latina, o desenvolvimento econômico estaria assegurado pela importação de fábricas pertencentes a grandes firmas multinacionais, cujos laboratórios de pesquisas, localizados nos países industrializados, fornecem os conhecimentos científicos e técnicos, os planos e as receitas para o funcionamento de tais fábricas. Esses modelos implicam naturalmente que os produtos manufaturados por essas fábricas são aqueles necessários às populações locais, enquanto que, em geral, esses produtos, numa escala bastante larga, só são adquiridos por uma pequena fração da população local e são exportados para outros países. A competitividade das sociedades multinacionais nessas exportações provém das condições altamente favoráveis – o preço da mão de obra, o acesso aos produtos primários, a proibição de reivindicações salariais, entre outros fatores – concedidos pelos governos desses países subdesenvolvidos. Está claro que, nessas condições, não existe transferência de conhecimentos científicos e tecnológicos nem os meios de criação desses conhecimentos para esses países em vias de desenvolvimento.

JAIME PINSKY/HECTOR BRUIT

Somente uma escolha política que assegure além da importação dos equipamentos necessários, de troca, quer de produtos industriais, quer de conhecimentos e de ideias, o desenvolvimento local das indústrias e da agricultura realmente necessários à população, o desenvolvimento de sua cultura, bem como da ciência e tecnologia, novas ideias e técnicas, concebidas e desenvolvidas em nível local, somente tudo isso pode permitir uma verdadeira transferência de tecnologia. Sem essa escolha política, com a abolição dos modelos de desenvolvimento dependente, a expressão transferência de tecnologia torna-se um jogo de palavras, um mito frequentemente utilizado para mascarar a dependência econômica e tecnológica cada vez mais profunda dos países em vias de desenvolvimento.

Lopes, José Leite. *Transferência de tecnologia e dependência. Encontros com a Civilização Brasileira.* Rio de Janeiro, nº 1, julho 1978, pp. 205-6. "

SUGESTÕES DE ATIVIDADES

1. Procure ler pelo menos uma obra de Astúrias, García Marques ou Carpentier. Veja se você os encontra em casa, na biblioteca da escola ou em alguma biblioteca pública. Obras de ficção como romances, contos e novelas trazem uma atmosfera de realidade cotidiana que as obras de história não conseguem alcançar.

2. Procure nos quadrinhos de Quino (Mafalda) e na produção humorística de Millôr Fernandes ou Luiz Fernando Veríssimo referências às questões culturais na América Latina.

3. Veja a seção de variedades dos grandes jornais (Caderno 2, Caderno B, Folha Ilustrada, etc.) e veja que tipo de cultura eles tentam passar. Observe a presença de artistas (músicos, escritores, atores, etc.) latino-americanos ou africanos em relação à de norte-americanos ou europeus.

4. Veja o filme de Cacá Diegues "Bye, bye Brasil" e discuta-o com os colegas a partir da leitura dos textos acima.

MOVIMENTOS SOCIAIS

Continuidade e Ruptura são dois componentes fundamentais do processo histórico. Às vezes ouvimos notícias de mudanças políticas em países próximos, os *cuartelazos* que são verdadeiras trocas de guarda, porque sai um militar, entra outro, morrem alguns soldados, outros perdem braços e pernas, um ditador cheio de dólares foge, outro se prepara para enriquecer, mas nada muda. São verdadeiras transformações sem mudança, já que há poucas coisas mais semelhantes a um militar no poder do que um militar oposicionista que chega ao poder. Mesmo que o movimento que o leve ao poder seja chamado de "revolução".

Às vezes, porém, há rupturas reais, verdadeiros movimentos sociais armados. É o caso de algumas revoluções como a americana ou cubana.

O *texto 40* mostra as bases da ação imperialista americana com relação à América Latina.

O *texto 41* trata especificamente da Revolução Mexicana.

O *texto 42* trata da questão camponesa e da ação revolucionária de Zapata e seus seguidores.

O *texto 43* descreve um pouco a Cuba pré-revolucionária, aquela de que os americanos gostavam...

O *texto 44* é um contundente trecho de "Che" Guevara, revolucionário cubano, nascido na Argentina e morto na Bolívia.

O *texto 45* fala da Nicarágua atual, de seus problemas de sobrevivência e de sua dura convivência com o "Grande Irmão" do norte.

40. O IMPERIALISMO

Durante a presidência de Theodore Roosevelt (1901-1909) a Doutrina Monroe adquiriu um objetivo caro e preciso que não conseguia esconder mais a finalidade imperialista. A interpretação dada, mais conhecida como Corolário Roosevelt, não passava de uma pitoresca doutrina que permitia castigar as repúblicas latino-americanas por seu mau comportamento. O próprio presidente afirmou: "Tudo o que este país deseja é ver que nos países vizinhos reinam a estabilidade, a ordem e a prosperidade. Todo Estado cujo povo se conduza bem pode contar com nossa cordial amizade. Se uma nação se mostrar capaz de atuar com eficiência e decência do ponto de vista social e político, se mantém a ordem pública e cumpre com suas obrigações, não deverá temer intervenções dos Estados Unidos. No entanto, uma desordem crônica ou uma impotência resultante do relaxamento geral dos laços da sociedade poderiam exigir na América, como em qualquer outra parte, a intervenção de uma nação civilizada. No hemisfério ocidental, a Doutrina Monroe pode obrigar os Estados Unidos, embora contra a vontade, a exercer, em casos de flagrante desordem ou de impotência, um poder de polícia internacional. (...)"

O Corolário Roosevelt inaugurava a política do Big Stick, isto é, como aconselhava o próprio presidente, "falar manso com um garrote na mão". Os governos latino-americanos não apenas deveriam cumprir religiosamente suas obrigações financeiras, mas fazer uma política que protegesse os interesses econômicos das empresas norte-americanas. Como isto nem sempre era possível, a política do garrote se abateu devastadoramente sobre toda a área do Caribe e ameaçou todo o continente.

Entre 1900 e 1933, os Estados Unidos intervieram militarmente quarenta vezes, além de fazerem pressões diplomáticas, chantagem econômica, advertências e ameaças dissimuladas.

Estava nascendo uma nova potência imperialista, brandindo o garrote em uma das mãos e os dólares na outra. O próprio secretário de Estado, John Hay, declarou com otimismo: "A nação devedora converteu-se em principal credor. O centro financeiro do mundo, que precisou de milhares de anos para viajar do Eufrates para o Tâmisa e o Sena, dir-se-ia que vem ao Hudson entre o amanhecer e o crepúsculo".

MOVIMENTOS SOCIAIS 97

Nada pode ser mais patético e convincente que as famosas declarações do major-general Smedley D. Butler, publicadas em uma revista americana em 1935:

Dediquei trinta e três anos e quatro meses ao serviço ativo de nossa força militar mais ágil: a Infantaria de Marinha. Ascendi do posto de segundo-tenente até o posto de major-general. Durante todo este período dediquei a maior parte do meu tempo a servir aos interesses dos Grandes Negócios, a Wall Street e aos banqueiros. Em resumo, fui um pistoleiro às ordens do capitalismo...
Contribuí para converter o México e especialmente Tampico em lugar seguro para os interesses petrolíferos dos norte-americanos em 1914. Ajudei o Haiti e Cuba a se tornarem um lugar seguro para os rapazes do National City Bank efetuarem suas cobranças... Ajudei também a Nicarágua a cumprir seus compromissos com a casa bancária internacional de Brown Brothers em 1919-1922. Em 1916, facilitei os interesses açucareiros norte-americanos na República Dominicana. Contribuí para que Honduras seguisse uma política "apropriada" para as companhias bananeiras norte-americanas em 1903. Em 1927, servi na China para que a Standard Oil seguisse seu caminho sem ser perturbada.
Durante todos esses anos desfrutei, como disseram os "rapazes" de magníficas prebendas. Fui premiado com honrarias, medalhas e promoções. Olhando para trás, penso que até poderia ter dado alguns conselhos para Al Capone. Ele, no máximo, pôde operar seus negócios sujos em três distritos da cidade de Chicago; nós *marines* operávamos em três continentes.

Bruit, H. *O Imperialismo*. Campinas/São Paulo; Edunicamp/Atual, 1983, pp. 48, 50-1.

41. REVOLUÇÃO MEXICANA

O descontentamento com a desigualdade social crescia em todos os setores populares, exprimindo-se de forma mais dinâmica nas greves operárias conduzidas por anarcossindicalistas e, sobretudo,

98 JAIME PINSKY/HECTOR BRUIT

nos levantes espontâneos de camponeses, comandados por caudilhos; esmagados ambos com a mais feroz repressão. As classes médias urbanas de empregados agitavam-se em movimentos de inspiração liberal e sua facção intelectual pregava a revolução socialista.

Uma situação francamente revolucionária só se criou em 1910, quando a este descontentamento generalizado se somaram dois fatos novos. Primeiro, uma grave dissensão no patriciado político motivada pelo continuísmo de Porfírio Diaz que, aos oitenta anos, pleiteava sua reeleição depois de exercer cinco mandatos presidenciais consecutivos. Segundo, e principalmente, o surgimento de duas lideranças camponesas autênticas: a de Emiliano Zapata, no estado de Morelos, ao sul, e a de Francisco Villa, em Chihuaha, ao norte, ambos à frente de exércitos armados de machetes e escopetas, já não apenas clamando pela devolução das terras aos seus verdadeiros donos, mas expulsando os latifundiários das fazendas e distribuindo a terra aos lavradores.

Sucedem-se, nas cidades, as proclamações libertárias contra a reeleição e pelo sufrágio efetivo; pelas liberdades públicas, pela educação popular; por todas as reivindicações sociais então em voga, como a jornada de oito horas, o salário-mínimo pago em dinheiro, a proteção ao trabalho do menor, a indenização por acidentes de trabalho, a igualdade de pagamento para mexicanos e estrangeiros; e, ainda, pela obrigatoriedade de fazer produtivos os latifúndios por parte dos proprietários, sob pena de confisco para distribuição aos camponeses sem terra.

(...) Simultaneamente, porém, se alastraram as insurreições camponesas cujos líderes, não se contentando com a satisfação das aspirações presidenciais de Madero, exigiam a reforma agrária. Zapata lança o *Plan de Ayala,* declarando que não deporia as armas até que se devolvesse aos *ejidos* e aos camponeses todas as terras de que haviam sido despojados pelos fazendeiros. Inicia-se, assim, a verdadeira revolução social mexicana que convulsionaria todo o país e prosseguiria em lutas sangrentas até 1919.

Ribeiro, Darcy. *As Américas e a Civilização: Estudos de Antropologia da Civilização.* 3ª Edição, Petrópolis, Vozes, 1979, p. 131.

MOVIMENTOS SOCIAIS

42. CAMPONESES REVOLUCIONÁRIOS

Aparentemente os camponeses, que constituíam a maioria da população e eram quase todos analfabetos e miseráveis, lutavam unicamente para reconquistar as terras que lhes tinham sido usurpadas pelos latifundiários. O chefe mais importante do movimento camponês, Emiliano Zapata, havia escrito:

> A revolução sustentada pelos sulistas definiu, de maneira clara e sem reticências de qualquer espécie, as três grandes bandeiras da questão agrária: restituição de terras ao povo ou cidadãos e expropriação e confisco, por motivo de utilidade pública, dos bens dos inimigos do Plan de Ayala.

Fruto das aspirações camponesas, o ideário zapatista foi exposto, com a simplicidade de seus autores, nesse plano que data de novembro de 1911 e pode ser considerado o primeiro documento revolucionário – excluindo alguns escritos do anarquista Ricardo Flores Magón – que colocou o problema da terra e dos trabalhadores no centro da luta social. Insistentemente se atribui ao movimento zapatista um caráter localista, conservador e até reacionário, por reivindicar um direito comunitário pré-hispânico. Entretanto foi ele que levantou como bandeira insurrecional uma questão nacional, que unia todos os deserdados do país, os milhões de camponeses expropriados e humilhados durante quatrocentos anos. O zapatismo teve o mérito de desencadear a revolução entre as massas camponesas que até aquele momento eram apenas iludidas pelo discurso emocionado dos maderistas (partidários do general Madero).

Em um manifesto de agosto de 1914, os zapatistas colocavam a razão de sua rebelião, da revolução camponesa, em termos de luta de classes:

> O camponês tinha fome, era miserável, sofria exploração; e se empunhou armas foi para obter o pão que a avidez do rico lhe negava para apossar-se da terra que o latifundiário, egoisticamente, guardava para si, para reivindicar sua dignidade, ultrajada, perversamente, todos os dias. Lançou-se à revolta não para conquistar ilusórios direitos políticos, que não matam a

fome, mas para conseguir um pedaço de terra que lhe possa proporcionar alimentação e liberdade, um lar feliz, e um futuro de independência e engrandecimento.

Contudo, a revolta não visava apenas derrotar o latifundiário, o comerciante, o homem rico, que sufocavam a existência do camponês, mas construir uma sociedade mais justa, igualitária, onde o trabalhador se reencontraria consigo mesmo e com seu próprio trabalho; uma sociedade baseada no trabalho coletivo de indivíduos concretos, que não se deixariam explorar pela classe burguesa. No mesmo documento, os camponeses manifestavam-se contrários a esse tipo de sociedade, ilusória e mentirosa, que os humilha e asfixia, prende-os à miséria e os violenta:

> Todas essas belezas democráticas, todas essas grandes palavras com que nossos avós e nossos pais se deleitaram perderam seu poder mágico de atração e sua significação para o povo. Ele já percebeu que com eleições ou sem eleições, com sufrágio universal ou sem ele, com ditadura porfiriana ou com democracia maderista, com imprensa amordaçada ou com libertinagem de imprensa, sempre e de todas as formas, ele continua ruminando suas amarguras, sofrendo misérias, engolindo humilhações infindáveis; por isso teme, com razão que, os libertadores de hoje tornem-se iguais aos caudilhos de ontem que na cidade de Juarez abdicaram de seu belo radicalismo e no Palácio Nacional lançaram ao esquecimento suas sedutoras promessas.

A revolução camponesa, por sua ação e seu ideário, forçou o movimento maderista e em seguida o constitucionalismo carrancista a voltarem-se para a problemática social, reorientando todo o processo mexicano para a ultrapassagem da meta político-administrativa. Como veremos a seguir, os líderes constitucionalistas Carranza e Obregón compreenderam que a única forma de neutralizar a revolução camponesa seria a adoção de suas bandeiras, o que lhes permitiria acabar com as lideranças do movimento. Carranza, especialmente, percebeu de imediato o sentido da revolução mexicana como o confronto irremediável entre as duas classes fundamentais da sociedade naquele momento.

A partir dessa constatação, o zapatismo, principalmente, transformou-se em um espinho atravessado na garganta da burguesia.

MOVIMENTOS SOCIAIS   101

Esta viu-se obrigada a desenvolver um projeto político-social que veio a ser, sem dúvida alguma, o mais poderoso sistema de dominação e controle político de toda a história da América Latina. A "democracia" mexicana, em que o presidente da República, como um monarca de tempos passados decide, entre outras coisas, quem será o seu sucessor, nasceu com a revolução e em consequência da necessidade que a burguesia tinha de esmagar, para sempre, a revolução camponesa.

Bruit, Hector H. *Revoluções na América Latina*. São Paulo, Atual, 1988, p. 23-26.

43. CUBA PRÉ-REVOLUCIONÁRIA

O problema da terra, o problema da industrialização, o problema da moradia, do desemprego, da educação, o problema da saúde do povo: estão aí concretizados os seis pontos para cuja solução se haviam encaminhado nossos esforços, junto com a conquista das liberdades públicas e da democracia política.

De todos os modos vem à baila esta exposição fria e teórica ao não se conhecer a espantosa tragédia que está vivendo o país nessas seis ordens, somadas à mais humilhante opressão política.

Os 85% pequenos agricultores cubanos estão pagando impostos e vivem sob a perene ameaça de expulsão de suas terras. Mais da metade das melhores terras de produção cultivadas estão em mãos estrangeiras. Em Oriente, que é a província maior, as terras da United Fruit Company e da West Indian unem a costa norte com a costa sul. Há duzentas mil famílias camponesas que não têm uma vara de terra onde semear uma horta para seus filhos famintos e, em troca, permanecem sem cultivar, nas mãos de poderosos interesses, cerca de trezentas mil *caballerías* (uma *caballería* equivale a 18,5 hectares ou 33 acres) de terras produtivas. (...)

Salvo umas tantas indústrias alimentícias, madeireiras e têxteis, Cuba continua sendo uma fábrica produtora de matérias-primas. Exporta açúcar para importar caramelos, exporta couro para importar sapatos, exporta ferro para importar arados... Todo mundo está de acordo em que a necessidade de industrializar o país é urgente, que há falta de indústrias metalúrgicas, de papel, químicas, que há que se melhorar a criação de animais, os cultivos, a técnica e elaboração de nossas indústrias alimentícias (para que possam resistir à competição ruinosa que fazem as indústrias europeias de queijo, leite condensado, licores e azeites e as de conservas norte-americanas), que necessitamos de navios mercantes, que o turismo poderia ser uma enorme fonte de riquezas. Porém, os possuidores do capital exigem que os trabalhadores fiquem sob o poder dos pequenos chefes locais, o Estado cruza os braços, e a industrialização espera pelas calendas gregas (nunca mais em espanhol).

Tão grave ou pior é a tragédia da moradia. Há em Cuba duzentas mil choupanas e choças. Quatrocentas mil famílias do campo e da cidade vivem amontoadas em barracões, quarto e sala sem as mais elementares condições de higiene e saúde. 2.200 mil pessoas de nossa população urbana pagam aluguéis que absorvem entre um quinto a um terço de seus salários. E 2.800 mil, de nossa população rural e suburbana, carecem de luz elétrica. Aqui ocorre o mesmo: se o Estado se propõe a baixar os aluguéis, os proprietários ameaçam paralisar todas as construções. (...)

Outro tanto faz o monopólio elétrico: estende as linhas até o ponto onde possa perceber um lucro satisfatório, a partir dali não importa que as pessoas vivam nas trevas pelo resto de suas vidas. O Estado cruza os braços e deixa o povo sem casa e sem luz.

Nosso sistema de ensino complementa perfeitamente todo o anterior: em um campo onde o *guajiro* (palavra cubana que significa camponês) não é dono de sua terra, para que se querem escolas agrícolas? Em uma cidade onde não há indústrias, para que se querem escolas técnicas ou industriais? (...) Em Cuba (escolas técnicas ou de artes industriais) não passam de seis, e os jovens saem com diplomas sem terem onde empregar-se. Às aulas de escolas públicas do campo comparecem descalços, seminus e desnutridos, menos da metade dos meninos em idade escolar e, muitas vezes, o professor é quem tem de conseguir com seu próprio salário o material escolar necessário. É assim que se pode construir uma pátria grande?

De tanta miséria, só é possível livrar-se com a morte; e para isso o Estado ajuda: a morrer. 90% dos meninos do campo estão sendo devorados por parasitas que os infectam, vindos da terra através

MOVIMENTOS SOCIAIS 103

das unhas dos pés descalços. A sociedade se comove ante a notícia do sequestro ou do assassinato de uma criatura, porém permanece criminosamente indiferente ante o assassinato em massa que se comete contra tantos milhares de crianças, mortas por falta de recursos, agonizando entre os estertores da dor e cujos olhos inocentes já trazem o brilho da morte, parecem olhar para o infinito como que pedindo perdão para o egoísmo humano, pedindo para que não caia sobre os homens a maldição de Deus. E quando um pai de família trabalha quatro meses ao ano, com o que pode comprar roupas e remédios para seus filhos? Crescerão raquíticos, aos 30 anos não terão um dente são na boca, terão ouvido dez milhões de discursos e morrerão, por fim, na miséria e decepção. O acesso aos hospitais do Estado, sempre cheios, só é possível mediante a intervenção de um magnata político que exigirá do infeliz seu voto e o de toda a sua família para que Cuba continue sempre igual ou pior...

O porvir da nação e a solução de seus problemas não pode continuar dependendo dos interesses egoístas de uma dúzia de financistas, dos frios cálculos sobre lucros, que trazem em seus gabinetes com ar condicionado dez ou doze magnatas. (...)

Huberman, Leo. Sweezy, Paul. *Cuba: anatomia de una revolución*, Buenos Aires, Palestra, 1961, pp. 61-5.

44. CUBA REVOLUCIONÁRIA

Que fizemos nós para nos libertarmos desse poderoso sistema imperialista, com seu cortejo de governos fantoches em cada país e seus exércitos mercenários defendendo esse completo sistema da exploração do homem pelo homem? As condições objetivas para a luta eram fornecidas pela fome do povo e, em reação contra essa fome, pelo terror que convocava à reação popular e pela vaga de ódio que a repressão criava por si mesma. Faltavam na América as condições subjetivas, a mais importante das quais sendo a consciência de uma vitória possível, através de uma luta violenta contra o poder imperialista e seus aliados internos. Estas condições foram criadas por nossa luta armada, que permitiu tornar mais clara a necessidade de uma

104   JAIME PINSKY/HECTOR BRUIT

mudança, possibilitando também a derrota e a liquidação total do exército (condição indispensável a toda revolução verdadeira) pelas forças populares.

Nossa força armada, criada nos campos, conquistou as cidades a partir do exterior, uniu-se com a classe operária e desenvolveu seu senso político no contato com esta última.

Guevara, "Che". *Revolução Cubana*. trad. de Juan Martinez de la Cruz. São Paulo, Edições Populares, 1981, pp. 41-42.

45. NICARÁGUA ARMADA

Quem visitar os EUA hoje verá que a preocupação principal da administração Reagan é a Nicarágua sandinista. Os norte-americanos consideram este país o símbolo do expansionismo soviético. E todos estão de acordo em um ponto: os EUA assistem hoje a um filme idêntico ao que levou Fidel Castro ao poder e, depois, Cuba para a órbita da URSS. É por isso que escutamos com muita frequência a afirmação de que Washington não aceitará uma nova Cuba no continente. Mas os esforços para derrubar o governo sandinista têm dado poucos resultados. E os cinco anos de poder dos herdeiros de Sandino são um tormento para os Departamentos – de defesa e de Estado.

Vejamos primeiro a guerra interna na Nicarágua. Depois da conquista do poder político, os setores empresariais que participaram da queda do ditador Anastásio Somoza admitiram ou aceitaram compartilhar o poder com os revolucionários da Frente Sandinista de Libertação Nacional. Mas essa convivência estava condenada ao fracasso desde o primeiro momento. Nasceu morta porque os sandinistas emergiram como força majoritária e, politicamente, exigiram que suas posições fossem assumidas pela junta mista de governo. Para garantir o predomínio de suas teses, os sandinistas contavam com o triunfo militar e, consequentemente, com a força do poderoso exército sandinista. Houve, então, uma bipolarização na Nicarágua. Os setores empresariais afastaram-se do governo e aproximaram-se dos EUA e, simultaneamente, os sandinistas procuraram o apoio do bloco comunista, particularmente de Cuba.

MOVIMENTOS SOCIAIS

Hoje há uma divisão nítida no quadro político da Nicarágua. As posições são irreconciliáveis e a tendência natural é de um acirramento dessas divergências. Os setores políticos ainda tolerados pelos sandinistas, reunidos na Coordenadora Democrática, já não acreditam mais na possibilidade de conquista do poder pelo voto. Eles haviam tomado a decisão de não participar do processo político já na eleição que conduziu o Comandante Daniel Ortega à presidência do país. A pergunta lógica seria esta: não existe outra saída para a crise interna nicaraguense, a não ser a militar? Os fatos estão indicando que a força das armas definirá o futuro político institucional do país.

Se a saída é militar, o que deverá acontecer no país? Os sandinistas garantem que os EUA estão prontos para uma intervenção direta. (...) A segunda alternativa é um crescimento da luta entre o exército sandinista e os rebeldes que passaram a ser conhecidos como os "contras" ou "contrarrevolucionários".

Depois de cinco anos de guerra contra os sandinistas, os rebeldes não conseguiram uma só vitória significativa. (...) a principal força rebelde é formada por ex-oficiais e soldados do exército de Anastásio Somoza e operam a partir de bases em território hondurenho.

Os contras concentram sua atuação na região Norte do país, onde têm mais facilidades logísticas para operar. A maioria dos observadores militares garante que eles não têm a mínima condição de derrotar o exército sandinista, cada vez melhor treinado e equipado. (...)

O único fator que poderá inverter o quadro é um aumento do descontentamento interno. Os sandinistas são obrigados a destinar atualmente 50% de seu orçamento ao setor militar. Isso significa que a vida para a maioria dos nicaraguenses tende a ficar cada vez mais difícil. Para superar esse grave problema, o governo de Manágua tenta manter a população motivada política e ideologicamente para enfrentar a ameaça de intervenção norte-americana. O maior empecilho a seus planos não está nos políticos, mas na hierarquia católica. O cardeal Miguel Obando y Bravo é um dos críticos mais ferozes do regime sandinista. Assim como participou do processo de queda de Somoza, intervém na luta contra os sandinistas. (...) Só resta uma única possibilidade para a derrota militar dos sandinistas. Uma guerra entre os aliados dos EUA (Honduras, El Salvador e Costa Rica), com

JAIME PINSKY/HECTOR BRUIT

total apoio militar norte-americano, contra a Nicarágua sandinista. Esta é a hipótese mais plausível, se deixarmos de lado a intervenção direta dos EUA.

Wilson, Marcos. *As Perspectivas do Mundo.* Campinas/São Paulo, Edunicamp/ Atual, 1986, pp. 25-29.

SUGESTÕES DE LEITURA

1. Leia, durante uma semana, o noticiário internacional dos jornais e tente verificar o atual estado das relações entre Estados Unidos e Cuba, Nicarágua e México.

2. Procure saber algo sobre a Revolução Cubana, e compare Cuba de hoje com aquela de antes de Fidel Castro em termos de educação, saúde, habitação e liberdade.

3. Leia sobre a situação fundiária no Brasil, especialmente sobre os conflitos entre UDR e posseiros; veja se há algum movimento social brotando.

4. Por que Somoza, Fulgêncio Batista, Stroessner e Pinochet, ditadores sangrentos, foram apoiados pelos Estados Unidos, uma democracia? Debata o tema com os colegas.

O CAPITALISMO NAS AMÉRICAS

Este capítulo pretende discutir as formas pelas quais o capitalismo vem sendo praticado nas Américas. Não se trata, apenas, de falar do sistema socioeconômico, mas de tentar mostrar como ele funciona.

É um capítulo que exige um pouco de concentração e capacidade de reflexão por parte dos alunos, na medida em que trabalha com contradições entre discurso e prática, entre conversa e ação. No entanto, é muito importante, pois desmistifica um pouco certos mitos ligados ao caráter latino-americano, ou seja, a afirmação de que não temos vocação para a democracia ou para o trabalho.

O *texto 46* discute a diferença entre a prática capitalista nos países hegemônicos e na chamada "periferia" do sistema, exemplificando com os Estados Unidos e o Brasil. O texto é brilhante e merece uma cuidadosa reflexão.

O *texto 47* mostra a resistência às mudanças (quando possível) e a capacidade de assimilação (quando inevitável) dos latifundiários do nosso continente.

O *texto 48* apresenta um outro grupo social, o liberal burguês, que apresenta um discurso bem distinto do anterior, mas uma prática, muitas vezes, tão conservadora quanto.

O *texto 49* mostra a outra face do capitalismo latino-americano: o da exploração inclemente da força de trabalho. No caso, a vida dos mineiros bolivianos que extraem riquezas do solo.

O *texto 50* tenta sistematizar explicações que costumam ser dadas para justificar o levante antiditatorial e anti-imperialista que acabou redundando na Revolução Cubana.

46. A CAIXA DE PANDORA

Os direitos do homem e do cidadão que encontraram sua expressão formal mais acabada no documento dos revolucionários franceses de 1789 tiveram uma longa história. A supremacia das leis, a igualdade de todos perante as leis, o direito de representação, a inviolabilidade do lar, a liberdade de expressão, o direito de reunião, o direito à propriedade, a separação dos poderes, a soberania do povo têm sido referência obrigatória de todas as constituições brasileiras, mas a sua reiterada afirmação não foi garantia de sua efetividade.

Muitas das lutas populares no Brasil não passaram de tentativas, em geral frustradas, de tornar real o que a Constituição assegura ser um direito do cidadão, mas tornou-a na prática privilégio de alguns setores da sociedade. Desde o século XIX o tema principal da política de oposição no Brasil tem sido denunciar um contraste entre a teoria e a prática, e a tarefa principal das oposições tem sido a democratização desses direitos. Que essas ideias continuem a ser revolucionárias quase duzentos anos depois da Revolução Francesa é uma demonstração evidente de que o ideal esteve sempre muito longe do real. Para milhões de brasileiros muitos desses direitos não passaram de ficção jurídica.

Que sentido tem o direito à propriedade para quem não é nem jamais será proprietário, ou o direito de representação para quem é privado do direito de voto por ser analfabeto? Que sentido tem o direito de reunião para o trabalhador do campo ou da cidade que vê seus sindicatos ocupados ou fechados, seus líderes afastados ou presos? Que significado tem a inviolabilidade do lar para aqueles que têm suas casas invadidas pela polícia e membros de suas famílias presos sem ordem judicial ou processo? Que significado tem o direito de livre expressão para quem não dispõe dos meios para se expressar? Que significado tem esse direito para quem nasceu e cresceu sob a censura? Que significado tem a separação dos poderes para os que foram julgados por tribunais criados por ordem do Executivo, especialmente com o propósito de condená-los, para aqueles que foram presos sem ter cometido crimes ou mantidos em prisões sem ser julgados? Que significado tem a separação dos poderes para os que viram o Executivo intervir no Legislativo, suspendendo, cassando,

O CAPITALISMO NAS AMÉRICAS 109

conferindo ou negando o direito de representação a seu bel-prazer, reformulando as regras do jogo a cada passo?

Como é possível que o povo respeite a lei se os que têm como tarefa defendê-la são os primeiros a desrespeitá-la? Se os crimes dos poderosos não são punidos enquanto os pequenos pagam? Que significado tem a lei, quando ela é feita e refeita de acordo com os interesses de quem está no poder? Que significado tem uma constituição que a cada passo é reescrita para de novo ser negada, uma constituição que é violada em nome da defesa de ordem constitucional? Como é possível dar credibilidade a um sistema e legitimidade a um poder que desmoralizam a cada passo os postulados ideológicos em que a sociedade brasileira se lança mais uma vez, na tarefa de criar uma nova constituição? É preciso refletir sobre essas questões.

A reflexão nos leva inevitavelmente a comparações. Enquanto no Brasil o ideário burguês de 1789 ainda é novidade para a grande maioria da população, nos Estados Unidos – onde apenas as minorias ainda lutam pela conquista desses direitos –, essas noções são corriqueiras. A diferença se explica pela extraordinária capacidade assimilativa que áreas centrais do capitalismo têm revelado (até o presente) e a limitada capacidade do capitalismo periférico. Em outras palavras a extraordinária acumulação de capital nos Estados Unidos tornou possível a criação de um mercado de trabalho capaz de absorver a grande maioria da população (exceto naturalmente o exército industrial de reserva, que, com exceção dos negros, é na sua maioria composto de indivíduos dos países periféricos: chicanos, porto-riquenhos e outros, cuja entrada pode até certo ponto ser ajustada às necessidades do mercado). Foi essa acumulação de capital que tornou possível uma relativa distribuição de riqueza, e a democratização da educação, através da multiplicação de escolas primárias e secundárias *community colleges,* bibliotecas, museus e outras instituições culturais. (...) E, quando nos momentos de crise, o conflito entre capital e trabalho pareceu ameaçar a ordem estabelecida, foi essa disponibilidade de capital, que tornou possível a criação de um *Welfare State* que chamou a si tarefas assistenciais necessárias à preservação do sistema.

Não é aqui o momento de se indagar até que ponto estas condições estão hoje sendo minadas. O que importa é que foi a partir dessas condições que o ideário burguês do *self made man* – valorizando o esforço, a disciplina, o trabalho, a poupança, a iniciativa, o respeito à lei e à propriedade, a educação como instrumento de ascensão social, a pontualidade (pois que tempo é dinheiro) – fez sentido. E a partir desses valores foi possível criar um mínimo de consenso necessário para o funcionamento do sistema capitalista e de instituições liberais-democráticas.

Aquelas noções, implícitas do ideário da burguesia e essenciais ao funcionamento da sociedade burguesa, sempre tiveram uma conotação ambígua no Brasil. Não há educação ou propaganda que possa inculcar nos indivíduos noções que valorizam o trabalho, a disciplina, a poupança, se essas noções não se traduzem na prática em valores reais, ainda que minimamente (...) Quando o trabalho é vivido apenas como exploração e mal cobre as necessidades de subsistência do indivíduo; quando a propriedade é sonho inatingível; quando disciplina e esforço são condições normais da existência que reproduz apenas a opressão, a monotonia e a privação sem qualquer esperança de que um dia a vida será diferente; quando a educação é irrelevante porque não leva a lugar nenhum, o ideário burguês se esvazia. Sem ele a sociedade capitalista se torna inviável, a não ser que se imponha pela criação de um Estado autoritário, policial e repressivo.

Mas a sociedade capitalista não poderá se manter indefinida e exclusivamente na base da violência. Mesmo porque ela mesma destruiu noções que no passado justificavam em nome de um projeto divino a miséria, as desigualdades sociais, a opressão e o poder absoluto dos governantes.

(...) O povo depois que experimentou o gosto da democracia, mesmo que essa lhe tenha sido oferecida em doses mínimas e tenha sido mais promessa do que realidade, não aceita facilmente a condição de escravo. Ninguém poderá jamais convencê-lo de novo de que alguns homens nasceram para gozar todos os privilégios, outros para acumular. Tanto mais que é de natureza do sistema capitalista criar constantemente novas necessidades e novas ilusões, rompendo teoricamente a barreira entre os que podem e os que não podem. O sistema capitalista se mantém à custa de convencer os indivíduos de que sua identidade, sua felicidade, sua sexualidade, sua humanidade, enfim dependem da sua capacidade aquisitiva. "Comprar

O CAPITALISMO NAS AMÉRICAS

é preciso" é a norma da sociedade de consumo. Isso significa que a ideia de que tudo está ao alcance de todos é inerente ao sistema, mesmo que na prática funcione apenas como ilusão.

No entanto, embora a propaganda às vezes faça milagres, ela encontra seus limites na experiência do cotidiano. Se o bilhete de loteria nunca for premiado, o povo acabará se convencendo de que não vale a pena comprar bilhete.

Costa, Emília Viotti da. *Folha de S. Paulo*, São Paulo, 13/06/85, p. 2.

47. OS SENHORES DE TERRA E O CONSERVADORISMO

Apesar da profundidade das mudanças que aconteceram na estrutura socioeconômica dos diversos países latino-americanos na segunda metade do século XIX, os grupos senhoriais resistiram em modificar suas convicções políticas. Esse acontecimento, embora pareça simples, explica muitos aspectos da vida social e política latino-americana.

Como possuidores dos meios de produção, a terra em primeiro lugar, os grupos senhoriais – ou a quase totalidade de seus membros – aceitaram uma mudança que os beneficiava e os enquadrava no plano estritamente econômico. Foram capazes de modificar a organização das fazendas, de adotar novas técnicas de produção, de abandonar certas tradições a que pareciam amarrados. Porém pretenderam manter sua concepção de mundo, seu sistema de valores, sua concepção de política, ainda que intelectualmente percebessem a contradição que isso implicava

Sem dúvida, essa contradição estava latente desde os tempos da Conquista. Esses grupos senhoriais, donos de vastas extensões de terra em um mundo colonial que se inseria na área de desenvolvimento mercantilista, adotaram uma atitude feudal interiormente – em suas fazendas e com respeito à sociedade colonial –, porém aceitaram e seguiram uma atitude mercantilista externamente (...)

Quando três séculos depois, o mundo mercantil – isto é, o mercado mundial integrado – adotou uma nova fisionomia, os

112 JAIME PINSKY/HECTOR BRUIT

grupos senhoriais pretenderam manter a contradição, aceitando as novas exigências da economia mundial sem modificar sua concepção política e social em relação à sociedade em que viviam. Essa pretensão já era um pouco anacrônica no século XVI; e se tornou ainda mais, nos começos do século XIX, ao produzir os movimentos emancipadores; resultou, porém absolutamente insustentável depois da metade do século XIX, quando se sentiram os efeitos não já da Revolução Mercantil mas da Revolução Industrial.

Contudo, os grupos senhoriais latino-americanos não abandonaram suas pretensões e, assim como haviam sabido – e podido – resistir às influências da ideologia liberal, planejaram resistir às situações de maneira que criou-se o impacto das novas necessidades econômicas (...) Uma burguesia urbana muito móvel e com uma especialização funcional no processo de intermediação (...) assegurou as possibilidades de uma nova opção para os setores sociais dependentes dos grupos senhoriais. O processo de mobilidade social foi intenso, o êxodo rural se acelerou, e os grupos senhoriais, para assegurar a perduração de sua hegemonia e o predomínio de suas concepções políticas, perderam boa parte dos recursos que possuíam.

Entretanto não cederam. (...)

A debilidade do pensamento político dos grupos senhoriais residia em que pretendia defender a legitimidade da ordem social e política tradicional, as formas de vida e os ideais tradicionais, pactuando abertamente com uma nova estrutura econômica mercantilista, organizada com base na dependência de uma estrutura social alienígena. (...)

O exercício da democracia e os mecanismos por meio dos quais se efetivava pareciam oferecer um espetáculo degradante aos olhos de quem se sentia possuidor não somente dos meios de produção mas, também, de um certo grau sublime de dignidade. Rigorosamente os grupos senhoriais não possuíam em sua tradição mais que uma política do poder. Quando tiveram de descer às formas competitivas da política, não só perderam o equilíbrio que lhes é peculiar como também tiveram de aceitar, tal qual no campo econômico, a intermediação dos grupos burgueses. (...)

A investida mais beligerante dos grupos senhoriais – ou melhor, daqueles que planejavam salvar o que dessa tradição parecia resgatável – adotou o caráter de um ataque frontal contra a política

O CAPITALISMO NAS AMÉRICAS 113

liberal, em nome dos princípios do catolicismo, aos quais os liberais respeitavam, porém tratavam de isolar, secularizando a vida pública.
(...) Os ideais heroicos, a posse da terra, a desigualdade social, a aristocracia de espírito e a submissão das consciências à Igreja católica: tais eram as ideias fundamentais que o espírito senhorial se empenhava em defender frente às alterações que se haviam operado na sociedade dos países latino-americanos na segunda metade do século XIX. A luta não foi de morte, e os grupos senhoriais se acomodaram pouco a pouco, sem confessá-lo, às novas situações, esperando filosoficamente que a crise da nova ordem devolvesse, periodicamente, a suas mãos o controle da economia, do poder e das consciências. Com frequência, um golpe militar vinha contribuir com a restauração, renovando a retórica do heroísmo.

Romero, José L., *El pensamiento político de la derecha latinoamericana*. Buenos Aires, Paidós, 1970, pp. 110-28.

48. A OLIGARQUIA LIBERAL BURGUESA

Se os grupos senhoriais pretenderam conservar suas tendências políticas tradicionais apesar da profunda mudança socioeconômica que se havia operado, os grupos burgueses, adaptando-se, elaboraram as suas no mesmo processo; e aqueles que as levaram até as últimas consequências conseguiram poder econômico e poder político. Com eles, impuseram seu pensamento sobre o conjunto social, arrastando atrás de si densos grupos sociais de origem variada.

(...) o problema mais importante é o de como se constituiu esse setor. Em termos gerais, é evidente que houve núcleos burgueses, uns estrangeiros, outros nacionais, que se fundiram com grupos senhoriais renovadores para arquitetar a grande empresa. Em cada país, essa fórmula assumiu significados diferentes. Os vários grupos sociais operaram distintamente no México e na Argentina, no Chile, no Brasil, no Uruguai e na Colômbia. Segundo a rigidez da estrutura social anterior, foi mais ou menos fácil a formação dessas classes médias fluidas que geravam o processo econômico e mais ou menos fácil

114 JAIME PINSKY/HECTOR BRUIT

a conquista do novo *status* social que se oferecia aos grupos em ascensão, suas novas possibilidades econômicas. Do seio dessas classes médias surgiu o conglomerado que cercou o núcleo original, fundiu-se com ele e constituiu finalmente a alta burguesia, cujo poder a impulsionou no sentido de forçar seu distanciamento do resto das classes médias e constituir-se em oligarquia política e econômica. Essa tendência ao distanciamento é o que a transformou em uma força de direita. Muitos de seus membros provinham, sem dúvida, de setores liberais que admitiam a necessária continuidade desses processos de ascensão social que podiam assegurar a vigência de um sistema democrático. Porém a conquista do poder econômico e político por um pequeno grupo colocou um fosso entre este e o resto do conjunto social. (...)

A alta burguesia foi adquirindo coerência através de uma espécie de cumplicidade com o monopólio do poder, em seu uso para seus próprios fins, e na coincidência em um estilo de vida que supunha uma progressiva elaboração de um sistema de normas e valores comuns. Definida sua atitude e consolidada sua posição, a alta burguesia adquiriu os caracteres de uma oligarquia liberal burguesa. Sua presença se fez notória em muitos países latino-americanos nas últimas décadas do século, sempre em relação com as transformações econômicas e, sobretudo, com a penetração do capital estrangeiro – no Brasil, em relação com o estabelecimento da República e o auge do café; na Argentina e Uruguai, com os cereais e a carne; no Chile, com o salitre e com a revolução contra Balmaceda; na Colômbia, com a crise de 1870 e a *Regeneração* de Rafael Nuñez; no México, com os metais e o "porfiriato"; na Guatemala, com a banana e a Estrada Cabrera; na Venezuela, com Guzmán Blanco. Vagos princípios do liberalismo estacaram, mais ou menos diminuídos, segundo o grau de consentimento que as oligarquias imaginaram em relação ao grau de repressão que deviam exercer; e os vagos princípios de progresso foram acenados, embora delimitados sempre à margem daquilo que o capital estrangeiro permitia. Uma grande eficácia os caracterizou quase sempre, e muitos países latino-americanos iniciaram, então, sua primeira experiência de esplendor econômico, ainda que a distribuição da riqueza fosse notoriamente injusta (...)

O CAPITALISMO NAS AMÉRICAS 115

Foi peculiar dessas oligarquias repudiar, se não os princípios, as consequências ao menos da democracia igualitária. Certa vez perguntaram a Eduardo Wilde, finíssimo escritor e político argentino, o que era "a universalidade do sufrágio"; sua resposta foi: "o triunfo da ignorância universal". Era 1885. Houve uma invencível aversão às classes populares, que adquiria feições de ódio e desprezo quando se tratava de população indígena. (...)

Também manifestou a oligarquia um marcado desdém pelas classes médias em ascensão, as quais eram vistas, sem dúvida, como um adversário potencial, posto que demonstravam decidida tendência a participar na vida política. (...)

Com tais convicções, a oligarquia liberal burguesa podia exercer o poder com a segurança de que constituía uma classe eleita. Em verdade, era uma classe eficaz para afrontar a empresa econômica à qual os distintos países latino-americanos eram chamados pela organização capitalista mundial; e, com esse título, desdenhou, não somente os grupos senhoriais que procuravam manter a estrutura tradicional – os que chamava de reacionários e obscurantistas –, senão também aos grupos da classe média e popular que mantinham sua adesão aos princípios do liberalismo e contemplavam atônitos a que extremos os haviam conduzido as oligarquias. (...)

Para promover o desenvolvimento da economia, impulsionar a prosperidade e criar um ambiente de segurança para os investidores estrangeiros, as novas oligarquias, talvez reconhecendo os sinais de certa fadiga generalizada pelas tantas querelas internas, proclamaram um lema que a República do Brasil inscreveu em sua bandeira: "Ordem e Progresso". Era o mesmo o que afirmou o presidente argentino Julio A. Roca ao empossar o cargo de presidente: "Paz e Administração". E o presidente da Colômbia, Rafael Nuñez, declarava que era propósito da *Regeneração,* estabelecer "a paz verdadeira e científica". Era um desejo forte de quem entrevia um futuro de riquezas, reduzir e canalizar a atividade política.

A política devia, no futuro, enquadrar-se dentro de marcos estritos, e o Estado da oligarquia liberal burguesa se dispõe a apelar à força de um exército moderno e organizado para reprimir toda tentativa de apelar à revolução. (...)

A decisão de limitar a atividade política foi, a rigor, uma decisão de restringir os marginais sociais da participação política.

As oligarquias fecharam o caminho pelo qual tendiam a incorporar-se à vida pública as classes médias em ascensão e, em alguns países, as classes populares. Geralmente utilizavam mecanismos eleitorais para evitar que as dissidências se expressassem, estabelecendo limites legais – por exemplo, para os analfabetos – ou fraudando nos comícios. Ademais, negaram obstinadamente a possibilidade de levar aos cargos públicos quem não pertencesse ao círculo oligárquico e criaram clientelas eleitorais e administrativas que respaldavam o sistema fechado e facilitavam seu funcionamento. Naturalmente quem exercia a presidência da República não podia sair senão desses círculos.

Romero, José L., *El pensamiento politico de la derecha latinoamericana*, Buenos Aires, Paidos, 1970, pp. 128-130.

49. OPERÁRIOS NAS MINAS BOLIVIANAS

Nas minas a situação não mudou muito desde os tempos coloniais. Os trabalhadores enfrentam dentro das minas temperaturas que variam de 31°C a 50°C, durante longos períodos respirando pó de minérios e, quando saem, enfrentam o frio gelado do altiplano. Assim se explica a alta incidência de tuberculose. Com péssima alimentação, trabalho ininterrupto e condições de segurança mínimas, o resultado mais dramático são os 97,84% de mineiros com silicose, segundo um estudo do médico Guillermo Guerra. Nas minas a vida útil de um trabalhador é de 7 anos – igual ao escravo brasileiro no século passado. A média de vida dos trabalhadores mineiros era de 35 anos em 1970. Um outro estudo, do Ministério do Trabalho, transcrito por Liborio Justo em *La Revolución derrotada*, reconhece a trágica situação do mineiro.

A situação do trabalhador mineiro da Bolívia é simplesmente trágica. Vive com os cinco ou mais membros da sua família em um único quarto de tijolo, mais primitivo do que tudo que se possa imaginar: sem janelas, sem reboque de cal, sem camas e com piso de pedra. Sua casa carece das mais elementares condições de higiene. Sua alimentação se faz com uma ração de fome. (...) A probabilidade do trabalhador perder sua vida, sua saúde

O CAPITALISMO NAS AMÉRICAS   117

e sua capacidade de trabalho é a mais alta do mundo civilizado. O índice de mortalidade infantil na população mineira é, também, o mais alto que se registra no mundo. Cerca de 90% dos mineiros que trabalharam dois ou mais anos no interior da mina adoecem de silicose ou tuberculose, com origem nas más condições de trabalho e nas péssimas condições de alimentação e moradia. Influi também, na sua decadência orgânica, o uso imoderado da coca, droga cujo consumo não pode desgraçadamente deixar de acentuar-se, enquanto não se faça mais suportável e humano seu trabalho e enquanto não se consiga melhorar seu regime alimentar.

Esta é uma situação narrada pelo Ministério do Trabalho em 1961. Depois, portanto, da nacionalização das minas. Permanece a mesma hoje. Apenas alguns grandes núcleos mineiros melhoraram em parte as condições de habitação, construindo favelas de cimento, mas permanecendo as mesmas condições de trabalho e sobrevivência. Permanecem a tuberculose, alta mortalidade infantil, a fome, etc. – porque a estrutura da exploração das minas ainda é a mesma. Uma reportagem do jornal *La Nación*, de Buenos Aires, em novembro de 1961, traça um outro quadro terrível das minas e dos mineiros.

O mineiro mais robusto, o que pretende ganhar mais, é o que sucumbe mais depressa. Poucos dias atrás enterraram um rapaz de 22 anos. Entrou na mina aos 18. Aos 19, forte como um carvalho, aceitou o *contrato* e trabalhou e se deu ao gosto de beber e divertir-se com os prêmios de maior produção. Em três anos a tuberculose o levou à tumba. A seleção natural é rigorosa nas minas – me contava no dia seguinte um engenheiro: "Morrem 65% das crianças. Os que sobrevivem, aos 18 anos parecem todos atletas. Em poucos anos a mina os destrói. A média de vida é de 25 anos: eu fiz pessoalmente a estatística".

Este *contrato* citado pelo jornalista argentino é uma herança dos tempos coloniais. Desde a Colômbia até hoje, a Bolívia pouco modernizou a maquinaria de suas minas. Primeiro, porque os espanhóis não precisavam se preocupar com isso, usando a vida dos índios, que era mais barata que as máquinas. Depois, porque os grandes barões do estanho puderam explorar até limites inimagináveis a

118 JAIME PINSKY/HECTOR BRUIT

mais-valia do trabalhador boliviano. O *contrato* deriva da famosa *doblada* espanhola, quando os trabalhadores faziam uma jornada de vinte horas seguidas dentro das minas, para conseguirem superar as deficiências técnicas na coleta de minérios. Os grandes industriais aproveitaram o processo, e em certo momento houve, até a jornada de 36 horas seguidas. A nacionalização das minas não impediu a *doblada* e até estimulou o desgaste máximo da energia do mineiro, estabelecendo *contratos* onde se previam prêmios para os trabalhadores que mais produzissem. O índio morto de tuberculose, apesar de "forte como um carvalho" aos 18 anos e liquidado aos 22, é uma das vítimas do mesmo processo que pouco varia desde os tempos coloniais e prevalece ainda hoje na maioria das minas bolivianas.

Como se recorda, quando as minas foram nacionalizadas, há mais de vinte anos não recebiam nenhum investimento para melhorar sua técnica, já absurdamente anacrônica desde 1920. A nacionalização possibilitou, muito posteriormente, alguma reforma – hoje as minas bolivianas estão superadas e dependem muito mais do sangue dos mineiros e da vida que a tuberculose tira do que de processos técnicos. O quadro de 1961 e de 1980 é praticamente o mesmo.

Chiavenato, Júlio José. *Bolívia – com a pólvora na boca*. São Paulo, Brasiliense, 1981, pp. 204-206.

50. A ALTERNATIVA SOCIALISTA

Para muitos, é um enigma que a Revolução, que iria abrir pelo meio a História das Américas, tenha ocorrido em Cuba. *Por que* Cuba? (...) a Revolução cubana transcende Cuba e o Caribe: ela coloca as Américas no próprio circuito de formação, difusão e expansão de um novo tipo de civilização. Representa, para todas as Américas, a conquista de um patamar histórico-cultural que parecia nebuloso ou improvável e, para a América Latina em particular, a evidência de que existem alternativas socialistas para a construção de uma sociedade nova no Novo Mundo. (...)

[Isto tudo ocorreu] (...) graças a três elementos. Primeiro, o agravamento espontâneo constante da situação revolucionária (...) O

O CAPITALISMO NAS AMÉRICAS 119

agravamento nascia de vários focos distintos. O mais importante estava nas pressões radicais de baixo para cima dos trabalhadores e na insatisfação popular generalizada. A situação de interesses e de valores das classes trabalhadoras (ao contrário do que ocorreu com as da burguesia), naquele período histórico, tendia para a unificação e para a tática da pressão em todas as frentes. Para as classes trabalhadoras a dominação burguesa era uma dominação na classe. Não importava quem, na burguesia, estava de que lado e a interferência imperialista só agravava a exasperação existente e tornava a burguesia como um todo mais vulnerável. (...)

Portanto, é de baixo para cima, das classes trabalhadoras e da população pobre que parte a principal força desagregadora da ordem, o dissolvente invisível e o fator básico da deterioração do poder real da burguesia e de seus governos. (...)

Em consequência, é essa pressão anônima mas maciça e constantemente crescente que muda a qualidade da situação revolucionária e que faz com que esta própria ultrapasse os quadros do capitalismo e da atuação de classe da burguesia. Por fim, a questão de derrubar a ordem existente passou a ser questão política de natureza militar. (...)

O segundo elemento é o que funcionou, ao longo de várias décadas, como o "barril de pólvora" da sociedade cubana. Não só as gerações jovens, seu idealismo nacional e radicalismo político, mas o desenraizamento deliberado e desesperado de jovens que repudiavam todo um estilo de vida e de poder que *conheciam por dentro*. Muitos brecariam a ruptura dentro da situação revolucionária que se configurava como "Cuba para os cubanos". Outros saltaram logo desses limites e viram que o anti-imperialismo exigia, como algo inevitável, o anticapitalismo: não se poderia dar um salto histórico sem o outro e, portanto, impunha-se ir direto à concepção libertária e socialista de liberação nacional. (...)

O êxito militar dos jovens rebeldes, dos fins de 1957 em diante, deixara o campo político aberto para a eclosão das forças revolucionárias reprimidas nos confins da sociedade cubana. As classes trabalhadoras e os humildes foram deslocados para a condição de uma retaguarda mobilizada e militante. Atinge-se, então, o clímax da socialização política produzida e a consciência revolucionária do jovem rebelde traduz não só as exigências da "revolução nacional" e da "luta anti-imperia-

120 JAIME PINSKY/HECTOR BRUIT

lista", mas a própria consciência da classe trabalhadora, que emerge como a *classe revolucionária*, e seu poder real, o poder popular. Para se entender o quanto o setor rebelde da geração jovem alterou a qualidade da situação revolucionária preexistente é preciso chegar-se a 1959, ano no qual também se desvenda por completo o sentido das relações entre classe, geração e revolução em Cuba. A "revolução dentro da ordem" se evapora para sempre. As sortidas burguesas fracassam melancolicamente e a "revolução dentro da revolução" cresce sem cessar.

O terceiro elemento é a guerrilha, ingrediente pelo qual se desmantelou o castelo de cartas e de ilusões. Ela surgiu em um momento avançado da decomposição da sociedade neocolonial, quando já era politicamente claro que a "revolução dentro da ordem" não passava de uma boa intenção e que a realidade vinha a ser a sobrevivência permanente do neocolonialismo. (...) A Revolução cubana tinha um nível histórico próprio: ela não iria parar aquém da *descolonização final e total*. Foi isso que deu à guerrilha e aos guerrilheiros um corpo político denso. Eles acabaram *concentrando e representando* essa necessidade histórica, pela qual seu anti-imperialismo se libertou da tutela burguesa e o seu nacionalismo se uniu ao ímpeto revolucionário das classes trabalhadoras e dos "humildes".

Em um primeiro momento, só por sua possibilidade de existência, ela atestou o grau de profundidade da situação revolucionária que prevalecia em Cuba. A ditadura não pôde tolher nem sua implantação nem sua transformação em *Exército Rebelde:* o que queria dizer tanto que a ordem *neocolonial* estava em agonia, quanto que as forças burguesas haviam perdido qualquer possibilidade de conter a revolução nacional "dentro da ordem". Logo em seguida, assim que se consolidou militar e politicamente, a guerrilha deslocou o eixo de equilíbrio da ordem, passando-o da minoria para a maioria e emergindo, ela própria, como artífice e mediadora do poder popular. Portanto, ela e sua vitória desatam o verdadeiro componente revolucionário da Revolução cubana. Ao criar espaço histórico para a manifestação e afirmação das classes trabalhadoras e da população pobre, ela levou até o limite extremo a situação revolucionária e colocou as bases políticas de sua superação pelo socialismo. (...)

Fernandes, Florestan. "Cuba e a Revolução Socialista". *In: Encontros com a Civilização Brasileira*, Rio de Janeiro, Civilização Brasileira, (18): 155, 166-9, dez. de 1979.

O CAPITALISMO NAS AMÉRICAS

SUGESTÕES DE ATIVIDADES

1. Analise as diferenças entre o capitalismo dos EUA e o do Brasil ou da Argentina e discuta com os colegas as origens e os motivos das diferenças (se você acha que há alguma).

2. Veja se consegue estabelecer alguma conexão entre os latifundiários e liberais burgueses dos textos 47 e 48 e figuras políticas que estão atualmente no noticiário da imprensa e da TV, em nosso país.

3. Pesquise as condições de trabalho de operários e garimpeiros brasileiros e compare com as que são descritas no texto 49.

4. A revolução cubana ocorreu devido a "condições objetivas" ou ao heroísmo dos jovens? Discuta a questão à luz do texto 50.

ESTADOS AUTORITÁRIOS

Este capítulo descreve o modelo latino americano de estados autoritários. Para muita gente era importante definir se esse sistema de governo que enlutou famílias, embotou consciências e proibiu manifestações culturais – enquanto mantinha na miséria a maioria da população – era ou não fascismo. Outros, e não eram poucos, afirmavam não perceber uma diferença "formal".

Os textos deste capítulo são importantes para que se possa refletir sobre a questão.

O *texto 51* é uma curta passagem a respeito de um golpe que manchou a vida e a esperança de muitos na América Latina: o "pinochetazo", o golpe que Pinochet liderou contra o governo democrático e com tendências socialistas de Salvador Allende.

O *texto 52* fala do Uruguai de 1975, também dominado por militares. Leia o texto com atenção e veja como a violência institucional era um elemento integrante do sistema de poder.

O *texto 53* é excepcional na medida em que narra, minuciosamente, o cotidiano, da ação política contra a prisão, as torturas, o massacre dentro do cárceres da (então) ditadura uruguaia

O *texto 54* fala dos *quartelazos* na Bolívia, que acumulou, em 159 anos de país independente, quase duzentos golpes militares, bem ou malsucedidos, além de oitenta presidentes da República, o que dá a média de menos de dois anos de governo para cada um.

51. O "PINOCHETAZO"

(...) Se os métodos repressivos da "junta militar chilena" foram calcados nos brasileiros, a escala da sua aplicação ganhou con-

ESTADOS AUTORITÁRIOS

tornos sociais que a transformaram numa ação do Estado contra a sociedade civil no seu conjunto. Calcula-se que cerca de vinte mil pessoas foram mortas ou ficaram desaparecidas, vítimas da instauração violenta do regime militar, que além disso provocou centenas de milhares de presos e exilados. A tortura foi elevada à categoria de regra de procedimento dos vários organismos repressivos, e o terrorismo de Estado se implantou no novo Chile.

A nova ordem foi imposta pela presença militar ostensiva e pela ocupação dos espaços da sociedade civil democratizados nas décadas anteriores. O toque de recolher, *o estado de sítio*, a censura da imprensa, a proibição dos partidos considerados marxistas e a suspensão dos outros, o fechamento do Congresso e a intervenção no poder judiciário definiram uma situação de rígida ditadura militar. (...)

Sader, Emir. *Democracia e ditadura no Chile*. São Paulo, Brasiliense, 1984, pp. 37-9 (Coleção Tudo é História, 86).

52. DITADURA E FASCISMO

(...) Contemplo, impotente, como meu país vai se afundando e me pergunto: será que alguém poderia comparar o Uruguai – essa fazenda vazia – com aqueles centros industriais europeus que incubaram o fascismo e o nazismo?

O Uruguai é um país dependente, como os especialistas atualmente chamam às colônias. Depende das potências capitalistas centrais; delas é que recebe os preços, os empréstimos, os técnicos, as armas, os carros e a ideologia. Claro que não era esta a situação da Alemanha e da Itália daqueles tempos. O nazismo e fascismo foram a expressão de um nacionalismo agressivo; e entretanto, um nacionalismo nascido das entranhas de duas forças imperiais insatisfeitas e ansiosas de ter sua vez. Como já disse: foi o capitalismo altamente desenvolvido que chegou tarde à divisão do mundo e incubou a loucura de Hitler e o delírio da multidão que o seguiu em direção ao horror e à conquista. Nos matadouros de carne humana, os verdugos cantarolavam canções patrióticas.

Em países como o Chile, Uruguai e Bolívia, as ditaduras não têm a menor capacidade de mobilização popular. A mística do patriotismo copiada do modelo nazifascista somente agarra o coração dos policiais e dos soldados – que cobram para isso. Esses regimes solitários, condenados a derrocadas tristes e sem grandeza. Não fascinam os jovens; simplesmente os odeiam, assim como odeiam a alegria e tudo o que cresce. Apoiam-se na força das armas e são incapazes de transmitir qualquer fé, nem mesmo uma fé perigosa como a daqueles tipos que acreditavam na superioridade de sua raça ou no destino imperial de seus países. Nossos ditadores são, em resumo, patriotas de uma pátria que não é sua – satélites de um império alheio: ecos e não vozes.

Naqueles anos negros, o capitalismo monopolista da Alemanha e da Itália gerou o corporativismo e suas frentes de trabalho, convertendo o Estado num deus onipotente. Entre nós, o Estado é forte somente para triturar, matar ou expulsar os homens que pensam, se rebelam ou duvidam – mas existe cada vez menos como poder econômico. Apesar de ser o braço repressivo do poder e de usar técnicas dignas do pesadelo fascista, o Estado nunca é o poder. Curiosa mescla de Adam Smith e Mussolini, ou de suas respectivas caricaturas, ele se desmantela através de um processo de desnacionalização de suas atividades produtivas mais rentáveis, que passam para mãos privadas e estrangeiras – ao mesmo tempo que se fortalece como estrutura de opressão. Entre nós, o Estado prefere os cárceres às fábricas; como o fascismo, multiplica os soldados e os presos, mas não multiplica as fontes de trabalho.

Num país pequeno e despovoado como o meu, a militarização da sociedade não corresponde a nenhum projeto expansionista; não serve também para a defesa das fronteiras, por ninguém ameaçadas. Trata-se de criar uma *economia de guerra em tempo de paz?* Mas as armas vêm de fora e os inimigos estão dentro. Quem são os inimigos? Quantos sobraram? No Uruguai existem de quatro a cinco mil presos políticos. Não é pouco. No começo, foram os guerrilheiros. Depois, os militantes dos partidos de esquerda. Depois, os sindicalistas. Depois, os intelectuais. Depois, políticos tradicionais. Depois, qualquer um. A máquina não pára, exige combustível, enlouquece, devora o inventor: os partidos de direita outorgaram poderes especiais e recursos extraordinários às forças armadas para livrar-se dos *tupamaros* e

ESTADOS AUTORITÁRIOS

em pouco tempo os militares ficaram com o poder e liquidaram os partidos. Entre 1973 e 1974, vinte mil pessoas passaram pelas prisões e pelos quartéis; a tortura se converteu num *sistema interrogatório* habitual. Nas câmaras de tortura, muitos homens já perderam a vida. Rebentaram o fígado de alguns, com pontapés. A outros, o coração falhou quando lhes submergiram a cabeça nos tanques de água suja e merda. Outros morreram quando a situação se prolongou por vários dias e noites. Outros, devido aos choques elétricos. E houve mesmo uma moça que morreu asfixiada com um saco de náilon amarrado à sua cabeça.

O sindicalismo e a atividade política se converteram em formas de delinquência; os analfabetos assaltaram a Universidade com a faca entre os dentes; não existe nem a liberdade de expressão nem o direito de reunião. As instituições liberais burguesas explodiram em pedaços: a Suíça da América é, agora, um campo de concentração. Está proibido pensar: o regime suspeita que quem pensa conspira – e não lhe falta razão. Nas ruas, só se vê pobreza e rancor.

As classes dominantes já não têm intermediários políticos para o exercício do poder. Acossado por sua própria crise e pela ameaça de um processo acelerado de conscientização política dos jovens o regime recorre ao sangue e ao fogo. Então, é a vez da burocracia armada. Multiplicam-se os gastos e aumentam-se os salários dos militares – ao mesmo tempo que as escolas arruínam e são destruídas.

Perseguidos ao mesmo tempo pela miséria e pela fúria da Inquisição, os mestres e professores têm que fazer milagres para aguentar a situação.

Se isso tudo não é fascismo, reconheçamos que se parece muito: o mesmo instrumental fascista de ameaça e repressão é posto em prática. Na verdade, ele resulta útil, mas não para conquistar o mundo; serve para massacrar as forças internas de transformação, para decapitar a classe operária e aniquilar a inteligência. Como uma luva, a ideologia da histeria pequeno-burguesa se adapta às necessidades do regime. Aqui, não são os judeus os bodes expiatórios da crise; é toda a classe trabalhadora. O regime usa as grandes palavras características – Pátria, Família, Propriedade – para mascarar a opressão e o horror da ditadura. Arranca-se a vida ou a liberdade a quem discorda ou se rebela – ou, pelo menos arrancam-lhes os documentos e

126 JAIME PINSKY/HECTOR BRUIT

o condenam a vagar pelo mundo, como um pária sem pátria e sem identidade legal.

Galeano, Eduardo. "Negócios livres, gente presa?" *Vozes crônicas – "Che" e outras histórias*, São Paulo, Global/Versus, 1978.

53. A JUSTIÇA MILITAR NO URUGUAI

Libertado em maio de 1978, depois de ter estado preso desde 1973, o dirigente sindical Ricardo Vilaró Sanguinetti viajou para a Europa e lá divulgou uma completa denúncia da situação de terror e opressão em que se encontra seu país. Transcrevemos, a seguir, esse importante documento, que se refere em especial, ao funcionamento dos presídios de Punta Carrentas e FUSNA (Fuzileiros Navais). (...)

Minha prisão e reclusão até que fui libertado, a 1º de março de 1978.

A *27 de junho de 1973*, as Forças Armadas, acumpliciadas com o ex-Presidente Bordaberry, fecham o Congresso e estabelecem uma ditadura. A CNT (Central de Trabalhadores uruguaia) deflagrou uma greve geral com ocupação de todos os locais de trabalho.

A *3 de julho de 1973* sou intimado pelo jornal, rádio e televisão, junto com todos os dirigentes da CNT.

A *10 de setembro de 1973* sou preso e o próprio inspetor Castiglioni, chefe de Direção Nacional de Informação e Inteligência, polícia política, ordena minha prisão num estádio chamado El Cilindro (Estádio esportivo semelhante ao Maracanãzinho). Nesse estádio se encontravam detidas muitas centenas de dirigentes estudantis e sindicais.

A *21 de setembro* fui transferido para as dependências policiais (Departamento 4 da Direção Nacional de informação e Inteligência, cujo chefe era o comissário Fontana), onde sou responsabilizado por um material de propaganda contra a ditadura. A data de impressão daquele material era posterior à minha detenção. Apesar disso, fiquei nove dias incomunicável. Depois, fui levado novamente para El Cilindro.

ESTADOS AUTORITÁRIOS 127

A *27 de outubro* estoura uma bomba na Faculdade de Engenharia. Naquele dia tomavam posse as novas autoridades universitárias contrárias à ditadura e vitoriosas numa eleição com voto secreto, imposta e controlada pela ditadura. A bomba é o pretexto para intervir na Universidade da República. A *2 de novembro* transferem-me, vendado e encapuzado, para dependências policiais (Departamento 4, comissário Fontana). Lá sou interrogado, pretendendo-se que declare que os GAU são uma associação subversiva, que têm um aparelho militar, assim como os nomes de seus dirigentes, seus militantes e as residências destes últimos. Recuso-me a isso. E ainda mais, exponho todas as razões que me levam a acreditar que a bomba foi colocada por elementos de extrema direita. Torturam-me. Uma semana sem comer, sem dormir. De pé em diferentes posições, insuportáveis. Pancadas nos rins, na boca do estômago. Pontapés no ânus, nos tornozelos. Pancadas com a mão aberta no rosto, para não deixar sinais. Pancadas na cabeça. Numa oportunidade, sou interrogado pelo próprio inspetor Castiglioni (reconheço sua voz), interrogatório que acaba em pancadaria, como todos.

Vinte pessoas ou mais de ambos os sexos estavam no mesmo lugar que eu (comprovei depois que a maioria era dos GAU), em situações semelhantes. Ouvia gritos. Alguns companheiros estavam pendurados, a outros eram aplicados choques elétricos, e outros eram submersos na água.

Certa noite, fui levado à presença dos chefes da repressão política, entre os quais se encontravam o inspetor Castiglioni e o comissário Fontana. Informaram-me que minha mulher estava presa, pretendiam que eu depusesse contra ela e me fizeram ameaças a seu respeito. A tortura psicológica também se aplicava, agravada pela situação que a detenção de minha mulher criava com relação a nossos três filhos; finalmente, foi ela libertada.

A *28 de dezembro*, após três meses e vinte dias, deponho perante o Tribunal Militar de Instrução de 5º Turno, cujo juiz era o coronel Acuña (atualmente processado pela Justiça Militar). Pretenderam novamente que eu mentisse contra mim mesmo, contra os GAU, contra o comportamento político de outros companheiros. Não o fiz. Reiterei o caráter legal de minha atividade sindical e de minhas adesões políticas. Permaneci preso durante meses numa cela de 1,40 por 2,20 metros, na Chefatura

128 JAIME PINSKY/HECTOR BRUIT

de Polícia. Era acordado praticamente todas as noites pelos gritos desesperados de presos que eram torturados. A *3 de abril de 1974*, o juiz militar, cel. Acuña, processa-me junto com 25 companheiros dos GAU sob a acusação de 'associação subversiva'.

Processado pela explosão de uma bomba ocorrida um mês e meio depois de minha detenção, junto comigo são processados 25 companheiros cujas responsabilidades na Frente Ampla, no terreno sindical ou estudantil, giravam em torno do combate social e político à ditadura.

A *4 de abril de 1974* somos transferidos para a prisão de Punta Carretas. Nessa prisão, que é o menos duro dos centros de reclusão – comparada com o horror dos campos de concentração de Libertad e Punta Rieles – em razão da presença de presos condenados por delitos comuns, também se viola a Constituição, pois se aplica aos presos políticos uma política carcerária que pretende destruí-los física e espiritualmente. (...)

Em *agosto de 1977*, o promotor militar, Coronel Chelone, pediu cinco anos de prisão e me enquadrou no suposto delito de 'assistência e associação subversiva'. O pedido do promotor assinala como atividade delituosa, minha atuação sindical, minha qualidade de dirigente da CNT e da Federação Nacional de Professores, bem como minha vinculação com os Grupos de Ação Unificadora (GAU), fundadores da Frente Ampla, coligação política legal que obteve 20% dos votos nas últimas eleições nacionais. (...)

Sequestro realizado pelo FUSNA

Às 21 horas do dia *7 de abril de 1978*, (...)

Fui assim conduzido para uma camioneta vermelha, marca Mehari, virado de costas contra o chão da mesma, encapuzado e algemado. Pelos movimentos do carro, compreendi que se dirigia para as imediações do porto de Montevidéu; nesse lugar encontra-se uma das dependências da Marinha, destinada aos Fuzileiros Navais (FUSNA).

Dentro do edifício, levaram-me para um ambiente muito iluminado (percebia através do capuz) e me amarraram a uma argola. Lá permaneci de pé durante certo tempo. Depois veio o médico, interrogou-me sobre meu quadro clínico e me auscultou. Mais

ESTADOS AUTORITÁRIOS

tarde, fui conduzido através de uma rampa para um cômodo onde me obrigaram a me despir totalmente. Posteriormente ordenaram-me que me vestisse e fui conduzido a uma cela. Permaneci lá, sozinho, sem qualquer explicação.

Na sexta-feira, *14 de abril*, tiraram-me da cela, colocaram-me um capuz de fazenda grossa que me cobriu a cabeça e o pescoço. De forma violenta, sob um clima de ameaça, fui transferido para dentro do mesmo edifício e conduzido a um quarto onde se achavam vários torturadores. Lá cresceu o clima de ameaça com empurrões e insultos, dando início a um interrogatório. Eram as mesmas perguntas que, no âmbito da tortura, me tinham sido formuladas em 1973 pelo inspetor Castiglioni e pelo Coronel Fontana. Identificaram-se como oficiais de informação (S2) do FUSNA, afirmando com cinismo total que sabiam torturar muito melhor que a polícia. (...)

No sábado, *22 de abril*, fui conduzido e posto de pé num cômodo, onde consegui avistar (dado a que a venda estava mal colocada) várias pessoas, com ataduras e amarradas a argolas, num estado de esgotamento físico total, vigiadas por soldados com o uniforme do FUSNA, que batiam na parede permanentemente com paus, gerando um clima de angústia. (...)

No *dia 29 de maio*, às 11 e meia da noite, sem nenhuma explicação, sou posto em liberdade num parque de Montevidéu.

Fui prisioneiro do FUSNA quase dois meses. Suportei os maus tratos que suportam todos os prisioneiros do FUSNA no setor carcerário onde passei a maior parte do tempo.

O cárcere de FUSNA (...)

A cela é uma construção de blocos cujo teto tem, a título de um sobreteto, o teto do hangar; mede 2,20 m de comprimento por 1,40 m de largura e aproximadamente 2 m de altura. Não tem janela, s6 tem no canto um respiradouro de 8 cm de diâmetro, pelo qual se pode injetar ar através de um ventilador. Esse ventilador é ligado muito de vez em quando; nas sete semanas em que estive lá, foi ligado menos de uma vez por semana.

O recreio é controlado de uma vigia com refletores, por um guarda armado e encapuzado. É comum que um preso seja levado posteriormente à sala de interrogat6rio, onde lhe exigem informações sobre a conversa no recreio.

As visitas são de 15 em 15 dias, só podem comparecer os familiares em primeiro grau e são feitas através daquele buraco no muro, como descrevi anteriormente. O preso que tem visita é levado com os olhos vendados pelo guarda, seguro pelo braço até o lugar da visita, obrigado a sentar-se num banco à espera e só aí pode retirar a venda, após as ordens do guarda, no momento em que a visita entrar. Acontece que muitas vezes a visita entra e vê o prisioneiro vendado, porque o guarda demora em dar ordem de retirar a venda. Acabada a visita, deve colocar a venda para voltar à sua cela. A comida é sempre a mesma, picadinho com pimenta em excesso. Às vezes é escassa. Mas o grave são as condições em que se come, sob contínua tensão: trazem a comida e dizem "vocês têm cinco minutos para comer", o que obriga a comer às pressas e em tensão. Mas esses cinco minutos são interrompidos uma, duas, três vezes, pelo grito do guarda que obriga a ficar em posição de sentido, contra a parede, vendado, deixando a comida pela metade. (...)

O FUSNA é um ativo centro de tortura. Dispõe de salas especialmente preparadas para torturar. Salas onde os oficiais do S2 (Serviço de Informação da Unidade) aplicam com selvageria todas as técnicas de tortura: choque elétrico, 'submarino', afogamento, cavalete, "telefone", violações, etc. Gritos desesperadores são ouvidos, muitas vezes, pelas noites, em todas as celas do FUSNA.

No FUSNA há presos processados e, portanto, às ordens do juiz militar; entretanto, ocorre frequentemente que o prisioneiro, sem autorização do juiz militar, é retirado do setor carcerário e transferido para as salas de interrogatórios e torturado sem controle.

Há presos políticos que vivem dias, semanas, meses, anos no FUSNA; sua vida, sua atividade vital desenvolve-se da cela ao pátio. As condições do FUSNA são assassinas. (...)

Fialho, A. Veiga. *Uruguai: um campo de concentração?* Rio de Janeiro, Civilização Brasileira, 1979, pp. 203-206.

54. OS CUARTELAZOS DA BOLÍVIA

A Bolívia é recordista mundial absoluta em golpes de Estado, tendo acumulado a soma fantástica de mais de 190 quarteladas, bem

ESTADOS AUTORITÁRIOS

ou malsucedidas, em 159 anos de independência política. Nesse período, o país teve cerca de sessenta governos e quase oitenta presidentes da República – em sua maioria militares.

Um dos países mais pobres da América Latina – seus seis milhões de habitantes geram um Produto Nacional Bruto de menos de cinco bilhões de dólares, que, repartido, não atinge a cifra de 900 dólares anuais *per capita* –, sua economia depende principalmente da exportação de estanho, metal do qual é o quarto exportador mundial. De mãos dadas com a miséria já tradicional, a economia clandestina é considerável, com destaque para a extração e cultivo das folhas de coca (matéria-prima da cocaína), que ocupa centenas de milhares de camponeses e é o fator de peso no equilíbrio político nacional.

A seguir, um retrospecto dos golpes militares ocorridos em La Paz nos últimos 15 anos:

Outubro de 1970 – o general Alfredo Ovando Candia, que subiu ao poder no ano anterior através de golpe de Estado, é derrubado por uma junta militar e o general Juan José Torres assume a Presidência.

Agosto de 1971 – Torres é destituído pelo coronel Hugo Banzer, que preside o país durante sete anos (recorde de permanência na Bolívia).

Julho de 1978 – O presidente Banzer realiza eleições gerais e anuncia que em breve se afastará do poder. Antes, porém, que possa cumprir sua promessa, é derrubado pelo general Juan Pereda Asbún, que ocupa a presidência por apenas quatro meses. Em novembro o general David Padilha Arancibia assume em lugar de Pereda e promete eleições gerais.

Setembro de 1979 – O Parlamento boliviano elege Walter Guevara Arze – um civil – para presidente. Guevara, porém, é destituído em novembro seguinte, numa prolongada quartelada sob a chefia do general Natush Bush, que é obrigado a firmar um compromisso com os civis e entregar o poder, vinte dias após o golpe, à presidente do Congresso, senadora Lidia Gueiler.

Em junho de 1980 realizam-se eleições parlamentares, vencidas pela Unidade Democrática Popular, de centro-esquerda, presidida por Hernán Siles Zuazo, virtual sucessor de Lidia Gueiler.

Julho de 1980 – Um golpe de Estado liderado pelo general Luis Garcia Meza impede a posse de Siles Zuazo. Ao longo de seu governo, Garcia Meza sufoca pelo menos quatro levantes militares até entregar a presidência em setembro de 1981 ao general Celso Torrelio Villa. Este afasta-se espontaneamente em julho de 1982, passando o cargo ao general Guido Vildoso, que por sua vez o cede a Hernán Siles Zuazo a 10 de outubro desse ano (1982).

Folha de S. Paulo, 1º caderno, domingo, 1º/7/84, p. 10.

SUGESTÕES DE ATIVIDADES

1. Entreviste algum exilado político (há muitos chilenos e paraguaios no Brasil) ou um ex-exilado brasileiro. Há alguns famosos como Fernando Gabeira, Herbert de Souza (o irmão de Henfil), Leonel Brizola, Darcy Ribeiro, mas há muitos anônimos, bastante acessíveis se localizados. Converse com eles sobre o Estado autoritário do qual fugiram, a vida no exílio e o que mais julgar importante.

2. Debata os prós e contras de regimes como o de Pinochet. Se ele se instalou no poder é porque teve apoios, teve quem tivesse interesse nele.

3. Veja os filmes Estado de Sítio *e* Desaparecido, *ambos do diretor Costa Gavras e discuta-os em classe. Esta atividade é muito importante.*

4. Consulte seu professor e solicite bibliografia para conhecer melhor o assunto.

CULTURA E DOMINAÇÃO

A *cultura* é um instrumento de dominação. Sua manipulação constitui uma das principais armas do poder estabelecido. É fundamental que se repense a cultura, como parte integrante de uma superestrutura política, que reflete, necessariamente, as alterações que ocorrem a nível da *infraestrutura* e, não raro, provoca intencionalmente muitas dessas modificações.

Os textos selecionados constituem provas do relacionamento entre cultura e poder.

O *texto 55* coloca a questão do poder econômico *versus* poder político nos EUA, levando a contínuos enfrentamentos entre o Legislativo e o Executivo, destacando o papel dos meios de comunicação de massa na formação da opinião pública e na conquista do poder político-econômico.

O *texto 56* destaca a produção industrial de bens culturais numa sociedade marcada pela tecnologia, refletindo o impacto do sistema capitalista sobre a cultura geral do povo. O homem, cada vez mais, submete-se a ser apenas uma das múltiplas peças da gigantesca engrenagem, perdendo sua individualidade e se transformando num objeto. A arte, influenciada por essa situação, acaba por transformar-se em mercadoria, cuja maior preocupação é alcançar lucro.

O *texto 57* evidencia uma das formas de atuação das potências imperialistas na América Latina, ou seja, a penetração cultural. Através de uma bem engendrada política cultural, os EUA têm conseguido impor seus padrões culturais aos latino-americanos, conduzindo-os no sentido de reforçar a opção capitalista e desestimular o *nacionalismo*.

O *texto 58*, publicado originalmente em 1978 quando Pelé estreou no futebol americano, fala exatamente sobre cultura e dominação. Sua leitura mostra os mecanismos que as classes dominantes

134 JAIME PINSKY/HECTOR BRUIT

de um país como os EUA têm para incorporar, marginalizando (por mais contraditório que isto pareça) elementos culturais de países "periféricos" como Brasil ou Porto Rico.

55. MEIOS DE COMUNICAÇÃO E CONTROLE DO PODER NOS EUA

Os métodos pelos quais o controle do poder é procurado são tão variados como os grupos que o procuram. O papel do grande público nessa disputa pode em grande parte ser ignorado, uma vez que o público é geralmente por demais amorfo e incipiente para fazer pressão em determinados pontos com propósito determinado, e é quase sempre o instrumento passivo de que se utilizam tanto o mundo dos negócios como o governo para fortalecer suas próprias armas.

(...) O governo, via de regra reagindo a estímulos externos, procura expandir suas funções, acertar o passo com o mundo dos negócios. Este procura deter a maré crescente das atividades governamentais, lutando para manter-se livre da regulamentação governamental, de modo que possa perseguir seus próprios fins desembaraçadamente. Ambos alegam trabalhar no interesse do bem-estar geral.

(...) A expansão da atividade governamental tem sido no sentido de providenciar serviços sociais favoráveis a muitos grupos que, a não ser assim, não seriam atendidos de maneira alguma, e de regulamentar a atividade econômica no interesse público.

O mundo dos negócios, por outro lado, tem combatido tal regulamentação e a expansão dos serviços sociais, e ainda mais acerbamente tem cometido a ideia da propriedade governamental. Esse combate ocorre as mais das vezes na arena política, mas não acaba com a eleição dos deputados e senadores. (...)

As pressões sobre o Congresso enquanto está votando leis e aberturas de crédito, as manobras para execução e administração das leis, e o uso do processo judicial para consecução de objetivos individuais ou de grupos, têm lugar durante o processo legislativo ou depois dele.

CULTURA E DOMINAÇÃO

Através da imprensa, da opinião pública e dos grupos de pressão é possível exercer influência sobre o processo político. Se todos esses três fatores desempenharam uma parte do processo desde nossas origens como Nação, a extensão e a consciência de seu uso cresceram desordenadamente. Eles são empregados por todos os concorrentes na luta pelo controle, mas refletem o ponto de vista do mundo dos negócios melhor do que o de outros. (...) A revolução nas comunicações, produzidas pelo engenho americano e promovida pelas empresas americanas, fez com que a imprensa, o rádio e outros instrumentos formadores de opinião sejam muito mais importantes do que nunca no processo político. Tanto a imprensa como o rádio são, afinal, "grandes negócios", e até mesmo quando possuem a mais alta integridade são prisioneiros de suas próprias convicções.

Levy, Leonard W. *O processo político americano* (compilado por Leonard W. Levy e John R. Roche). Rio de Janeiro, Record, 1964, pp. 118-120.

56. CULTURA COMO MERCADORIA

Na sociedade capitalista, comida não serve apenas para alimentar as pessoas: serve também como produto tanto para aquele que planta e vende quanto para o consumidor que paga um preço por ela, sem falar nos atravessadores, intermediários, que nem produzem e nem consomem, apenas comerciam.

Da mesma forma que a comida, tudo na sociedade capitalista, além do seu valor intrínseco ou utilitário é mercadoria: tem um preço, uma estratégia de venda, pessoas que podem ou não comprá-la e assim por diante. Não é difícil pensar em outros produtos com os quais se dá o mesmo fenômeno: um automóvel, um apartamento, roupas, etc. Em nossa sociedade, ter acesso a estes produtos não depende de quão necessários eles possam ser para alguém e sim que condições de pagar por eles as pessoas têm.

Em relação à cultura ocorre o mesmo.

Um filme para ser produzido e visto depende de verbas, técnicas competentes, bom esquema de distribuição, além da simples

136 JAIME PINSKY/HECTOR BRUIT

"ideia na cabeça". Um livro também sofre um processo de industrialização e de comercialização. Quanto à música nem se fala! Sai mais barato comprar nos EUA uma matriz já gravada e reproduzi-la aqui, do que juntar músicos num estúdio e pagar os custos de uma gravação original. No caso da música há ainda o fato de que para muitos a melodia é suficiente, tornando-se desnecessária a tradução enquanto que livros necessitam de traduções caras e produções editoriais próprias. Daí a enorme facilidade da penetração cultural por intermédio da música. Através de repetições frequentes molda-se o gosto tanto de apreciadores de música como de telespectadores. Dessa forma, o jovem brasileiro conhece melhor certas musiquetas produzidas por um obscuro grupelho inglês ou americano (que dentro de três ou quatro anos deixará de existir) do que clássicos da música popular brasileira.

Da mesma forma sabemos perfeitamente como se constrói um forte apache típico do oeste americano, mas não temos a menor ideia de como era uma cidade brasileira do século passado, como Sorocaba das feiras de muares, para não falar dos acampamentos dos bandeirantes ou do mobiliário das "casas grandes" do período açucareiro.

Isto tudo ocorre porque a informação cultural transforma-se em mercadoria com etiqueta, preço e tudo. Só o desenvolvimento de uma consciência histórica bastante crítica poderá permitir às pessoas se darem conta disso e eventualmente lutarem pelo direito à cultura desejada e não à cultura imposta.

Jaime Pinsky

57. A POLÍTICA CULTURAL NORTE-AMERICANA NA AMÉRICA LATINA

Sob vários aspectos, a política cultural desenvolvida pelos governantes norte-americanos na América Latina tem uma forte conotação contrarrevolucionária. O "desenvolvimento econômico", "progresso" ou "modernização", apresentados como objetivos dos programas de assistência técnica, intercâmbio cultural, reforma do

CULTURA E DOMINAÇÃO 137

sistema de ensino, pesquisa e desenvolvimento, em diversos níveis, na cidade e no campo, apresentam nítida conotação política. Com frequência, os governantes, as organizações privadas e governamentais norte-americanas e os seus associados nos países latino-americanos estão propondo programas de cunho contrarrevolucionário. Em 1961, por exemplo, na conferência interamericana de Punta del Este, organizada sob o patrocínio do governo dos Estados Unidos, adotaram-se decisões sobre assuntos econômicos, políticos, militares e culturais de modo a fazer face às repercussões da vitoriosa revolução socialista realizada em Cuba. Depois do Tratado Interamericano de Assistência Recíproca, de 1948, a Carta de Punta del Este, de 1961, representa mais um desenvolvimento da diplomacia da guerra fria no conjunto da América Latina. Tanto assim que a ideologia militar nestes países passou a organizar-se em termos de doutrina de segurança nacional, e não mais defesa nacional, como anteriormente. As forças armadas, e não apenas as polícias, passavam a responsabilizar-se pela segurança interna, além da defesa externa. As classes dominantes latino-americanas, sob a orientação dos governantes norte-americanos, assumiam as condições e lutas de classes em forma mais aberta. Esse, o contexto histórico em que a política cultural norte-americana adquire renovada conotação contrarrevolucionária. A pretexto de contrabalançar a influência do "comunismo", dos movimentos "subversivos", os técnicos e ideólogos do imperialismo põem em prática programas culturais: reformas de sistemas de ensino, em níveis de 1º, 2º e 3º graus; programas de intercâmbio cultural, envolvendo professores, pesquisadores, lideranças políticas, estudantis, sindicais, religiosas, militares e outras; edições de livros, revistas e jornais; indução de temas e recursos de pesquisas em diversos campos do conhecimento; desenvolvimento da indústria cultural, como espaço de luta ideológica e setor de investimentos lucrativos; modernização técnica e ideológica das forças militares e policiais.

Essas implicações culturais do imperialismo são antigas. O evolucionismo, positivismo e liberalismo, em diferentes gradações, inserem-se no complexo das relações de governos e empresas estrangeiros com as oligarquias e burguesias nativas. As relações entre os negócios da oligarquia e a expansão imperialista tornam-se cada vez mais estreitas. O positivismo e o liberalismo proporcionaram

138   JAIME PINSKY/HECTOR BRUIT

os elementos ideológicos tendentes a justificar as concessões de minas, poços petrolíferos, terras tropicais, isenções aduaneiras, ferrovias. Ao longo do século XX, o liberalismo continua a ser um reservatório inesgotável para as muitas formulações ideológicas do imperialismo. Antes de mais nada, estão em causa a liberdade e a igualdade das mercadorias, a livre e igual circulação dos "fatores" da produção no mercado. Assim se reitera a propriedade privada e desenvolve o lucro, a acumulação de capital. Ao mesmo tempo, reforça-se a luta anticomunista.

Para fazer face ao marxismo e às lutas sociais anticapitalistas, ou voltadas para a conquista da soberania nacional, os governantes e empresários norte-americanos passaram a atribuir importância renovada às questões relativas à indústria cultural, educação, formação de técnicos, preparo intelectual de militares e policiais, etc. Assim, muito da vida cultural latino-americana está sendo trabalhado pela indústria cultural do imperialismo. Entre outros, um problema é fazer face à "literatura russa, especialmente a marxista", que se encontra por toda parte, "traduzida para a língua local", posta à venda "a preços reduzidos". Assim, os Estados Unidos podem e devem encontrar um meio de pôr ao alcance da América Latina, com facilidade e em grandes quantidades, em espanhol e em português, a literatura do mundo ocidental. Essa política encontra-se em franca execução. Até que enfim o governo dos Estados Unidos está gastando milhares de dólares cada ano para pôr "livros americanos ocidentais" ao alcance dos milhões de latino-americanos. O esforço privado também é impressionante. Nessa orientação, a cultura passa a ser uma área de luta ideológica e negócios lucrativos. Ao mesmo tempo, garante-se razoável controle ou influência sobre os movimentos do pensamento em setores influentes em cada país e no conjunto da América Latina. Um bom sistema educacional é absolutamente essencial para produzir a liderança competente para o ensino, negócios públicos, arte, direção, ciência, produção agrícola moderna e trabalho industrial qualificado. Daí a importância de sistematizar a atuação norte-americana. Precisa-se do empenho governamental para articular em uma agência os interesses relativos ao desenvolvimento educacional, científico e cultural no hemisfério ocidental. Trata-se de homogeneizar formas de pensamento. Deve ser iniciada uma campanha para capturar a elite intelectual ibero-americana através do rádio, da televisão, de livros,

CULTURA E DOMINAÇÃO 139

de artigos e folhetos, de mais doações, bolsas de estudos e premiações. Consideração e reconhecimento é o que mais agrada aos intelectuais e um programa com essas características poderá atraí-los.

Ianni, Octavio. *Revolução e Cultura*. Rio de Janeiro, Civilização Brasileira, 1983, pp. 52-55. (Retratos do Brasil, 163).

58. CULTURA E DOMINAÇÃO

Os jornais exultam: mais uma vez os Estados Unidos se curvam diante do Brasil. Na estreia de Pelé, em Nova Iorque, mais de 20 mil pessoas (exatamente 21.278) permaneceram comprimidas, por horas, sob um sol de mais de 30 graus, para aplaudir o futebol brasileiro. O Jogo foi transmitido em cadeia nacional e, diz um vespertino, os americanos descobriram as vantagens do nosso futebol sobre o deles, que nem ao menos é jogado com os pés. Por uma vez a fórmula se inverte: em futebol, o que é bom para o Brasil é bom para a América.

Haverá razões para tanta euforia? Estarão os orgulhosos WASP (White, anglo-saxon, protestants), através dos dólares prometidos a Pelé, reconhecendo valores culturais latino-americanos e, através deles, colocando todos os países ao sul do Rio Grande no mapa da História? E terá sido esse o objetivo do extraordinário jogador de futebol ao afirmar, ainda em Santos, que faria o "sacrifício" não por ele, mas pelo que sua atitude poderia representar em termos de promoção do nosso país? A resposta para todas essas questões parece ser um simples não.

Tento encontrar no jornal o público de Pelé, na sua estreia americana e o que vejo? O motorista de táxi italiano, que "aguarda este momento há 25 anos". Porto-riquenhos, estes pseudoamericanos, produtos indigestos para o fino paladar dos WASP. Chilenos, uruguaios, argentinos e até brasileiros. Também alguns turistas e alguns curiosos. Mas, principalmente, o elemento minoritário, segregado pela própria dinâmica duma sociedade competitiva e egoísta e autossegregado numa resposta racionalizada à violência do mundo

140 JAIME PINSKY/HECTOR BRUIT

exterior. Autossegregando-se ao manter uma língua diferente, ao apreciar um esporte diferente, as minorias acabam "legitimando" a segregação: afinal, são diferentes.

Ao *establishment* interessa que as minorias permaneçam diferenciadas, mas até certo ponto: afinal, uma sociedade liberal e aberta dos dias de hoje, num país democrático, não pode engendrar as mesmas categorias "marginalizadoras" como as que o medievo feudal ou o regime dos czares engendraram para tornar nítidas as diferenças. Noutras palavras, a sociedade deve estabelecer uma diferenciação entre diferentes componentes de sua sociedade; essa diferenciação se manifesta no próprio nível de oportunidades dadas (ou não) aos diferentes grupos; mas, por outro lado, é fundamental manter o mito de que todos podem se integrar e, se não o fazem, é por sua própria culpa e responsabilidade, devido às suas idiossincrasias e especificidades culturais, cultivadas em liberdade.

De vez em quando, algumas "descobertas" para manter as minorias felizes; certas pseudocaracterísticas nacionais, raciais ou religiosas: a "inteligência" dos judeus, a "habilidade" dos "turcos", a "seriedade" dos japoneses, a "musicalidade" ou a "habilidade futebolística" dos negros. Estimulando determinadas características, "positivas", o *establishment* estará, ao mesmo tempo, limitando o campo de ação dessas minorias, já que elas "não precisam" e portanto "não possuem" outras habilidades, aquelas dos elementos dominantes da sociedade. O fato é que, lisonjeada pelo reconhecimento de sua capacidade em determinado campo, cada minoria procura fazer jus ao que dela espera o *establishment* e entra na armadilha preparada para ela, reforçando sua atuação destacada (de origem estereotipada) na área a ela destinada.

Pelé veste a camisa do Coríntians nos Estados Unidos. Ele é (ou será logo) o herói dos porto-riquenhos humilhados, dos negros que habitam os becos do Harlem, dos sul-americanos subdesenvolvidos, dos imigrantes desajustados. Os gols que ele faz, o punho atirado aos céus, vêm dos pés e dos braços impotentes dessa América-sub-América.

Mas, ao contrário do que uma visão superficial poderia sugerir, Pelé nunca será um herói autêntico. Na medida em que ele conseguiu uma vitória, o sistema também saiu vitorioso: a trilha que ele abriu não poderá ser trilhada por todos os oprimidos; embora o

CULTURA E DOMINAÇÃO

sentimento de realização e de vingança seja manifestado pelos oprimidos a cada gol, a cada finta, a cada milhão de dólares. A função do nosso herói foi esta, afinal: levar os problemas das minorias oprimidas ao campo de futebol e atirá-los longe, através do soco raivoso, a cada gol.
Soco transmitido pela TV, de costa a costa.
Afinal, é apenas um gesto.

Pinsky, Jaime. Revista Shalom, São Paulo, nº 122, julho de 1978, p. 37.

SUGESTÕES DE ATIVIDADES

1. Apresente exemplos e faça observações sobre o modo como políticos e empresários usam os meios de comunicação para se autopromoverem e a seus projetos.

2. Apresente exemplos que provem a transformação da arte em mercadoria valendo-se de filmes, programas de TV e de rádio, músicas, livros e revistas, histórias em quadrinhos, etc.

3. Histórias em quadrinhos, filmes e desenhos de TV consumidos na América Latina evidenciam a influência norte-americana, valorizando o "american way of life" e buscando desprestigiar atitudes nacionalistas. Apresente alguns deles e discuta com seus colegas.

4. Dê exemplos de atividades de censura no Brasil.

5. Leia 1984 de George Orwell e diga por que ele é considerado um instrumento de propaganda capitalista.

6. Assista a um programa de música "caipira" ou "sertaneja" e veja se os conflitos da terra aparecem nas letras da música. Reflita sobre a "autenticidade" desse gênero musical.

7. Verifique como elementos culturais de países do Terceiro mundo entram nas sociedades dos países dominantes: ou como elemento cultural de "marginalizados" (como o futebol nos EUA), ou alterados a ponto de quase perderem suas características originais (procure exemplos).

O PENSAMENTO POLÍTICO

Para alguns o problema do atraso latino-americano tem sua origem nas características raciais ou de caráter dos seus habitantes ("eta povinho sem vergonha!"). Para outros a questão é política e passa por alterações radicais que deveriam ser realizadas aqui; a pregação democrática, a "revolução pelo voto" não é, nem tem sido uma pregação anônima ao longo de nossa história.

Este módulo pretende colocar em debate várias propostas de solução política apresentadas neste século, de maneira formal ou não.

O *texto 59* descreve a "Semana Trágica", em janeiro de 1919, na Argentina, quando estabeleceu-se um duro e sangrento confronto entre operários e policiais postos a serviço dos patrões.

O *texto 60* apresenta as características do populismo latino-americano e aponta sua contribuição para a construção do progresso no continente.

O *texto 61* caracteriza o trilateralismo e evidencia suas ligações com a recente "redemocratização" da América Latina, além de destacar a atuação dos EUA na comissão trilateral.

O *texto 62* preocupa-se em apresentar os desencontros da esquerda brasileira de inspiração marxista nas suas tentativas de tornar o poder pela luta armada. Para que o texto seja entendido é preciso situar a esquerda num contexto mais amplo.

O *texto 63* mostra o despreparo e a generosidade dos jovens diante da ideia da luta armada.

59. O MOVIMENTO OPERÁRIO

A primeira organização sindical argentina surge em 1878, em Buenos Aires, e agrupa os tipógrafos. É interessante a coincidência:

O PENSAMENTO POLÍTICO   143

são também os trabalhadores gráficos os que primeiro se organizam no Brasil e em outros países da América Latina. Talvez o fato de trabalharem com as palavras os conduza, antes dos outros, à consciência da necessidade de organização.

A década seguinte é de grande imigração europeia. Com os homens, chegam as ideias revolucionárias que agitam o continente nas jornadas de 1848 e na Comuna de Paris. Cabe aos anarquistas e aos socialistas, sobretudo italianos e alemães, a fundação, nos anos 80, de inúmeras sociedades de resistência. E a 1º de maio de 1890 há, pela primeira vez, a comemoração do Dia do Trabalho na Argentina.

No ano seguinte, as várias sociedades de resistência tentam formar sua primeira central – a *Federação dos Trabalhadores da Região Argentina* –, mas a iniciativa fracassa pelo enfrentamento ideológico entre socialistas e anarquistas. Dez anos mais tarde, em 1901, é fundada a *Federação Operária Argentina*. Em 1903, ocorre a cisão, com o aparecimento da *União Geral dos Trabalhadores*.

O governo procura reprimir o movimento sindical emergente. É aprovada a *Lei de Residência*, que prevê a expulsão dos líderes operários. Como não há ainda proletariado nativo, toda a mão de obra da região de Buenos Aires é constituída de imigrantes. Mas o movimento resiste: em 1903, a FOA conta com 66 sindicatos filiados, e a UGT com 43. A FOA, que passa a chamar-se FORA (Federação Operária Regional Argentina), é confessadamente anarquista e seu programa, revolucionário. A UGT, em linha mais pragmática, busca colocar-se acima das ideologias, lutando simplesmente pelos direitos operários.

Ao longo das primeiras décadas há várias cisões e reorganizações no movimento sindical. Mas essas cisões não abrandam a capacidade de luta. Nos graves conflitos com os patrões e o governo, prevalece o sentido da unidade. E esses choques são constantes. Em 1904, 1905 e 1906, durante a celebração do 1º de Maio, sempre proibidas pelo governo, há brutal repressão, com matanças de operários.

O mais grave conflito, no entanto, ocorre em janeiro de 1919, com a Semana Trágica. O conhecimento do episódio é muito importante para a compreensão dos problemas argentinos.

A vitória dos comunistas na Rússia, em 1917, fizera crescer o ímpeto revolucionário dos trabalhadores argentinos. Por outro lado,

144 JAIME PINSKY/HECTOR BRUIT

o governo de Irigoyen, apesar de representar os interesses da classe média, não exercia o mesmo rigor repressivo dos governos anteriores contra os movimentos operários. Houve condições para a dinamização dos sindicatos no período.

Em dezembro de 1918, entraram em greve os operários das *Usinas Siderúrgicas Pedro Vasena*, em Buenos Aires. A empresa era constituída de capitais ingleses e argentinos (Pedro Vasena era sócio minoritário, embora desse seu nome à firma). Havia 2.500 empregados, entre operários e funcionários administrativos. Estes aderiram ao movimento, que exigia a redução da jornada de trabalho, de 11 para 8 horas, o aumento escalonado de salários e descanso semanal remunerado.

No dia 7 de janeiro, o conflito continua sem solução. Os patrões haviam conseguido quebrar o movimento, oferecendo vantagens a alguns trabalhadores que *furaram a greve*. Um grupo deles, nesta manhã, dirige-se aos depósitos da empresa, conduzindo carroções para apanhar matéria-prima (sucata de ferro). Piquetes de grevistas, com a presença de mulheres e crianças, tentam impedi-los.

Os *fura-greves* estão acompanhados de policiais, o que os anima a prosseguir. Os piquetes começam a atirar-lhes pedras. Em resposta, os policiais disparam os fuzis. Ainda assim os trabalhadores continuam no local, enfrentando os tiros com pedras. Depois de duas horas de batalha, havia quatro operários mortos e trinta feridos, dos quais muitos vem a morrer horas depois.

Em solidariedade, a *Sociedade de Resistência dos Metalúrgicos* decreta greve geral da categoria. Os marítimos apoiam o movimento.

Os mortos são velados na sede da *Sociedade de Resistência dos Metalúrgicos* e na sede do Partido Socialista. Na manhã do dia 8 reúnem-se dirigentes de outras organizações, decidindo greve geral para o dia seguinte, dia do enterro. O propósito é o de limitá-la a um só dia. Pela manhã do dia 9, piquetes de trabalhadores percorrem a cidade, a fim de assegurar o movimento grevista. Bondes são retirados dos trilhos, cabos elétricos cortados, e, ao meio-dia, com a paralisação do metrô, a greve é total.

Os grevistas bloqueiam os quarteirões de acesso às instalações das *Usinas Vasena*. Dentro do edifício central se encontram os

O PENSAMENTO POLÍTICO   145

diretores da empresa, protegidos por capangas que se entrincheiram nos telhados. Alguns líderes sindicais moderados ali presentes procuram negociar um acordo com a empresa.

Enquanto isto, de toda a cidade afluem os trabalhadores para assistir ao enterro de seus mortos. Às três da tarde começa o cortejo. À frente, vão cerca de cem operários, armados de revólveres e carabinas. Atrás, mulheres e crianças. São dezenas de milhares de pessoas – a maior manifestação até então realizada em Buenos Aires. Quando o cortejo passa diante de um convento, gritam-se *slogans* anticlericais e pequeno grupo de anarquistas tenta entrar. Há policiais no interior do convento, que os repelem a tiros, matando vários. Os incidentes continuam. No caminho, os anarquistas saqueiam todas as casas de armas que encontram, mas, fora isso, não há pilhagem.

Às cinco da tarde o cortejo chega ao cemitério. Entrincheirados detrás dos muros, centenas de policiais o esperam. Quando um dirigente sindical começa a falar, despedindo-se dos mortos, a polícia inicia o massacre. Os grupos de autodefesa respondem ao fogo, mas em nítida desvantagem. Como se encontram na parte pobre do cemitério, nem mesmo contam com a proteção de túmulos altos. Morrem mais cinquenta operários – e duas mulheres.

Os tiros ressoam em toda a cidade. Ao saberem do que ocorreu no cemitério, os grupos que sitiam as Usinas atiram contra o edifício. A batalha lhes é desigual. Os capangas, melhor situados, os dizimam. Mas não esmorecem. Continuam atacando até que o Exército intervém, enviando ao local o Regimento 3 de Infantaria, que os desaloja. Diante dos acontecimentos, Irigoyen declara Buenos Aires praça de guerra, nomeando comandante militar da cidade o general Luis Dellepiane. O dia 9 termina com mais de cem mortos e quatrocentos feridos entre os grevistas. Os militares e policiais não sofrem uma só baixa na jornada. A fim de evitar qualquer desânimo na repressão, o governo, no próprio dia 9, estimula os policiais com um aumento de 20% em seus vencimentos.

Santayana, Mauro. *Tragédia Argentina – poder e violência de Rosas ao Peronismo*. São Paulo, Francisco Alves, 1976, pp. 128-131.

146 JAIME PINSKY/HECTOR BRUIT

60. O POPULISMO

Os regimes populistas nacionalizaram setores-chave da economia e quase não recorreram ao endividamento externo durante seus primeiros tempos. (...) Por outro lado, o populismo promoveu a industrialização substitutiva de importações com o manejo de câmbios múltiplos, medidas alfandegárias e créditos, impulsionou a agricultura com subsídios e preços mínimos e sancionou uma avançada legislação trabalhista: aumentos de salários, férias pagas, indenização por demissões, salário-família, lei de trabalhos insalubres, previsão social etc.

Foram anos de crescimento econômico, de desenvolvimento limitado mas efetivo e de distribuição muito mais equitativa da riqueza. Na Argentina a classe operária chegou a absorver mais de 50% do ingresso nacional: recorde histórico.

O caudilho carismático desempenha papel estelar nos populismos, porque expressa desejos profundos das massas e porque sabe captar o que está subjacente nas dobras da história, aquilo que o povo intui mas não percebe com clareza, ou que percebe mas não sabe formular com nitidez. O caudilho assume a maturidade de forças potenciais que, mobilizadas, auspiciarão mudanças essenciais. É um intérprete das massas e de sua época; daí suas diferenças matizadas e suas contradições. Convivem no populismo de forma latente, em conserva, possibilidades históricas diferentes e mesmo opostas.

Irão preponderar umas ou outras, segundo sejam dirimidas as tensões sociais que fervem em seu seio. Por isso suas marchas e contramarchas, essa mistura às vezes indiscernível de revolução e reação, que se superpõem e se confundem entre si. Daí a trajetória contraditória de seus caudilhos (...)

À medida que o populismo se esgota e se enerva, as práticas repressivas se aguçam. No Brasil e na Argentina se denunciaram desmandos policiais, torturas e assassinatos de opositores. Apressemonos a esclarecer que o que então ocorreu é uma brisa suave comparada a um furacão se o cotejamos com o que sofreriam esses países nas restaurações oligárquicas posteriores.

Quais são as causas dessas tendências autocráticas? Em primeiro lugar, todo o caudilhismo carismático possui ingredientes. O mito do "homem forte" lhe é inerente. (...)

O PENSAMENTO POLÍTICO

O governo unipessoal e onipresente é a resposta às tensões internas e externas que o acossam e um meio de submeter as íntimas contradições que se evidenciam, ao próprio movimento populista. (...) As reformas populistas avançaram enquanto o excedente econômico permitiu satisfazer a gregos e troianos. Quando o ápice se acabou, a luta de classes por esse excedente econômico se declarou dentro e fora do populismo. O caudilho já não foi capaz de arbitrar ressentimentos condenados; mas tampouco se propôs encabeçar uma revolução operária e popular que continuasse, superando aquilo que já fora realizado. Aí reside sua flagrante limitação política e ideológica, que nem o partido peronista nem os partidos social-democrata e trabalhista, fundados por Vargas, nem os velhos partidos uruguaios, nem a doutrina "justicialista", nem o Estado "amalgamado" getulista nem a proposta "Renovação e Reforma", de Luís Batlle, puderam superar. Não criaram partidos orgânicos nem chegaram à necessária coesão e maturidade ideológica. A corrupção, a venalidade e a mediocridade se ampliaram nos quadros políticos e burocráticos.

Vale a pena, pois, tentar outro ângulo: o populismo como fase de um processo longo e acidentado, cuja contradição principal é a luta pelo desenvolvimento através da democracia, pela justiça e pela soberania de nossos países. Uma revolução inconclusa, pela metade, e que, por ser assim, desemboca em uma renegociação de dependência. Mas que não ocorre em vão. Deixa uma herança inapelável e vigorosa, uma verdadeira e fecunda força histórica: a classe trabalhadora e amplas massas populares despertadas para uma nova e mais lúcida consciência de seus destinos, nos umbrais de sua autonomia política, a caminho de seu protagonismo decisivo.

Trías, Vivian. "Três faces do populismo". In: Encontros com a Civilização Brasileira. Rio de Janeiro, (8): 88-95, fev. 1979.

61. O TRILATERALISMO E O CAPITALISMO

A Comissão Trilateral nasceu em 1973. Seu primeiro impulsor foi David Rockefeller, presidente do Chase Manhattan Bank e Representante de uma das fortunas mais fabulosas do mundo. A

148   JAIME PINSKY/HECTOR BRUIT

comissão inclui atualmente os principais empresários, banqueiros e políticos dos três blocos econômicos mais importantes do mundo capitalista: EUA, Europa Ocidental e Japão. Seu objetivo principal é elaborar uma estratégia político-econômica comum para os três blocos. Daí a denominação de Comissão Trilateral. (...)

Kissinger, com sua diplomacia caracteristicamente viajante e personalista, tratava de solucionar os problemas "caso por caso", sem um plano coerente, orgânico e global. O trilateralismo, pelo contrário, desenvolve todas as suas ações dentro de uma visão totalizadora dos problemas. O trabalho em equipe é algo essencial ao trilateralismo, tanto pela especialização dos conhecimentos como pela conjunção e sincronização dos interesses os mais diversos e às vezes antagônicos. (...)

Através de uma profunda análise, a Comissão Trilateral chegou à conclusão de que o desafio prioritário atualmente é de ordem econômica e se concretiza na tensão *norte-sul,* isto é, países pobres *versus* países ricos. (...)

Diante do desafio do Terceiro Mundo, cada vez mais unido e mais consciente da necessidade de obter melhores preços para suas matérias-primas, a Comissão Trilateral quer, em primeira instância, unir os interesses dos países mais poderosos do bloco capitalista. (...)

Com uma oportuna concessão em algumas coisas, o que se quer é calar momentaneamente o Terceiro Mundo e evitar uma confrontação que pudesse fazer naufragar o "livre-comércio" e a "livre-empresa, que até agora têm gerado tão suculentos dividendos para os países ricos. (...)

Outra ideia básica do trilateralismo é o *conceito de interdependência.* A fim de se contrapor à ideia *isolacionista,* que tem sido defendida em alguns países do Terceiro Mundo, propõe o conceito de *interdependência* como normativo de toda a sua conduta. Para o trilateralismo, interdependência significa que a prosperidade contínua dos países industrializados é essencial para o progresso dos países subdesenvolvidos. O que se pretende, na realidade, é que o Terceiro Mundo cumpra seu papel de fornecedor de matérias-primas e comprador de produtos industrializados. (...)

Os Estados Unidos revisaram (à luz da doutrina "trilateral"), suas relações com o militarismo latino-americano, e chegaram à conclusão de que devem retirar todo o seu apoio aos regimes militares,

O PENSAMENTO POLÍTICO 149

de tal modo que, em um prazo mais ou menos breve, o Poder passe às mãos de governos civis. (...)

Segundo o trilateralismo, as condições ótimas para um crescimento adequado das economias de nossos países são as seguintes: governos civis e democracia formal, que favoreça uma certa prosperidade da classe média, da pequena indústria e dos grupos comerciais dependentes, e uma redistribuição mais equitativa da renda. Com isso, o trilateralismo pretende:

– prevenir as demandas excessivamente radicais de uma Nova Ordem Econômica Internacional;
– orientar as economias do Terceiro Mundo para uma industrialização competitiva nos mercados internacionais;
– estimular novos mercados orientados para a aquisição de bens de capital e de consumo, produzidos na esfera trilateral.

As instituições que hão de servir como mecanismos para a aplicação desta política são nossas conhecidas: o Fundo Monetário Internacional (FMI), o Banco Interamericano de Desenvolvimento (BID), o Banco Mundial, as transnacionais e, dentro de nossos países, os empresários privados. (...)

Se bem que as razões econômicas sejam as determinantes, existem também outras razões que explicam a reviravolta que Carter deu à política dos EUA e a ênfase, um tanto publicitária, com que defende a vigência dos direitos humanos. (...)

Após o enorme e cruel genocídio no Vietnã e a humilhante retirada dos exércitos norte-americanos, depois das conhecidas manobras da CIA contra governos, instituições e pessoas honradas, após Watergate e a vergonhosa queda de Nixon, após os subornos das multinacionais... os Estados Unidos necessitavam lavar a cara democrática do país ante os olhares do mundo. (...)

Era sobretudo necessário suscitar na juventude uma renovada fé no sistema democrático, tingido agora de moralidade e idealismo... Para tudo isso nada melhor que empunhar, ante a face do mundo, o estandarte dos direitos humanos.

Sist, Arturo, Iriarte, Gregório. "Da Segurança Nacional ao Trilateralismo". *In: Encontros com a Civilização Brasileira*. Rio de Janeiro, Civilização Brasileira (7): 15-21, jan. 1979.

62. COMUNISTAS EM AÇÃO:
A LUTA ARMADA NO BRASIL

A esquerda brasileira de inspiração marxista pegou duas vezes em armas. Em 1935 e em 1968-1974. Por que ambas as tentativas terminaram pela derrota?

(...)

A decisão insurrecional de 1935 se demonstrou erro funesto. A derrota dos movimentos de Natal, Recife e Rio de Janeiro aplainou o caminho para o golpe de Estado de novembro de 1937, em preparação por Vargas e pelo general Góes Monteiro. Correto teria sido a preservação máxima da legalidade da ANL, primeira grande frente de massas anti-imperialista e antifascista, dirigida por comunistas, na América Latina. Quanto mais a ANL prolongasse a legalidade e aumentasse o prestígio político, tanto mais se constituiria em obstáculo à instauração da ditadura estado-novista. Mesmo que não conseguisse bloquear a consumação do golpe, a influência de massas da ANL permaneceria atuante como fator de resistência ao Estado Novo.

A luta armada pós-64 (...) teve a significação de violência retardada. Não travada em março-abril de 1964 contra o golpe militar direitista, a luta armada começou a ser tentada pela esquerda em 1965 e desfechada em definitivo a partir de 1968, quando o adversário dominava o poder do Estado, dispunha de pleno apoio nas fileiras das Forças Armadas e destroçara os principais movimentos de massa organizados. Em condições desfavoráveis, cada vez mais distanciada da classe operária, do campesinato e das camadas médias urbanas, a esquerda radical não podia deixar de adotar a concepção da violência incondicionada para justificar a luta armada imediata. A esquerda brasileira se motivou em suas próprias razões e as reforçou com ideias de impacto internacional nos anos 60. Nas circunstâncias da época, a concepção da violência incondicionada se traduziu praticamente em foquismo e terrorismo. A derrota era inevitável. (...)

A esquerda brasileira de inspiração marxista só não pegou em armas quando as condições históricas determinavam que o fizesse. Nos começos de 1964, avançava impetuosamente o maior movimento de massas da história nacional e o país já se achava no redemoinho de uma crise institucional. As diversas correntes da esquerda,

O PENSAMENTO POLÍTICO 151

marxista e não marxista, souberam tomar a frente do movimento de massas, formular suas reivindicações e fazê-lo crescer. Cometeram erros variados no processo, mas o erro fundamental consistiu em não se prepararem a si mesmas, nem aos movimentos de massa organizados, para o combate armado contra o bloco de forças conservadoras e pró-imperialistas. Este bloco de forças sociais de há muito visava ao golpe de Estado e o articulou de maneira planejada.

No confronto decisivo, nenhum dos adversários podia ter certeza prévia do triunfo. Não houve predeterminação fatal do resultado. Se travasse a luta armada contra os golpistas, não era improvável que a esquerda viesse a perder. Tampouco improvável sua vitória, que mudaria o curso da história do Brasil e abalaria profundamente a hegemonia dos Estados Unidos no continente. A inação é que tornou a derrota inevitável. (...)

No distanciamento histórico, os erros esmaecem e ganham relevo a luta e o heroísmo. Tiradentes teria a lembrança de imprudente conspirador falastrão, se a Coroa lusitana não fizesse dele o alvo da punição exemplar destinada a sufocar as aspirações brasileiras à Independência. Tiradentes foi maior do que o castigo. Esquecemos os tropeços do agitador e reverenciamos a firmeza serena do mártir. O mesmo processo de memorização coletiva certamente se dará com relação aos insurretos de 1935 e aos combatentes de 1968-1974.

Agora, porém, ainda estamos muito próximos dos eventos. Os de idade madura e os idosos somos contemporâneos deles. Para as gerações atuais e ainda para as próximas, prioritário é o estudo crítico das tentativas e das derrotas da esquerda. Nenhuma complacência se admite na revelação e análise das responsabilidades de correntes políticas e de lideranças individuais. Se não quisermos o triste privilégio da infindável repetição dos erros.

Gorender, Jacob. *Combate nas trevas – a esquerda brasileira: das ilusões perdidas à luta armada.* 2ª edição, São Paulo, Ática, 1987, pp. 249-50.

63. OS JOVENS E A LUTA ARMADA

Estávamos a caminho do AI-5, de um fechamento completo do quadro político, tínhamos de organizar as camadas médias, os operários e, ainda por cima, nos implantarmos no campo – onde seriam feitas as guerrilhas. Sem contar as ações na cidade, para recolher dinheiro e armas. O interessante é que ali, naquela terça-feira à tarde, na Praia do Flamengo, com grande parte da esquerda na cadeia, as coisas não nos pareciam de todo impossíveis. Pelo contrário.

As primeiras ações armadas já haviam estourado, aqui e ali. Assaltos a carros pagadores, metralhadoras capturadas a sentinelas distraídos. A atenção se deslocava para este tipo de tarefa. Nossas manifestações, por mais perigosas que fossem, não rivalizavam nem de longe àqueles feitos. Cada vez que saía nos jornais uma notícia de assalto, olhávamonos significativamente. De uma maneira tal, que os iniciados se comunicassem entre si e que os não informados não percebessem nada.

O sonho de muitos de nós era o de passar logo para um grupo armado. Em nossa mitologia particular, conferíamos aos que faziam este trabalho todas as qualidades do mundo. Sair do movimento de massas para um grupo armado era como sair da província para a metrópole, ascender de um time da terceira divisão para o Campeonato Nacional. Dizíamos, é claro, que todo o trabalho, mesmo o mais humilde, era importante. Mas isso não bastava. Os jornais estimulavam nossas fantasias. Eram descrições mirabolantes: jovens com nervos de aço (ainda saíamos nas páginas de polícia); louras que tiravam uma metralhadora de suas capas coloridas.

Claro, você ri. Estamos quase em 1980 e tanto os nervos de aço como as louras de página policial já não fazem nenhum sucesso. Mas a fantasia trilha caminhos que não se controlam, ali onde eu caí qualquer um caía. Imagine, há dez anos atrás, você fazendo um assalto com nervos de aço, dormindo com a loura que interceptou o carro da radiopatrulha com uma rajada de metralhadora, depositando o seu revólver Taurus na mesinha da cabeceira e dizendo:

— Dorme em paz, meu bem, que dentro em breve o Brasil será socialista.

A condenação dos homens, justiça militar, isso não é nada. Pior é a memória de quem lembra. Começamos um intenso processo de treinamento militar. Com o AI-5 fomos jogados mais ainda na clandestinidade. Saíamos nos fins de semana para uma praia deserta, como quem fosse fazer um piquenique. Dentro de nossas cestas, os revólveres e as balas; dentro das garrafas, a gasolina. Montávamos um

O PENSAMENTO POLÍTICO 153

tiro ao alvo na areia, de frente para o mar. Eram uns velhos revólveres 22 e o alvo estava sempre perto, o alvo estava sempre imóvel. Voltávamos com a maior confiança do mundo em nossas capacidades militares. E o que sabíamos? Atirar regularmente com um revólver 22, preparar um ou outro coquetel Molotov, que explodíamos nas pedras. O feijão com arroz. Quem aprendesse aquilo tudo, passava a ser instrutor. Às vezes, eu funcionava também como instrutor e olhava o mar um pouco perplexo. O mar onde afundava meu corpo, nos fins de semana, aquela sensação líquida e azul de mãe, era agora uma vítima de nossa falta de pontaria. Não mais o corpo, mas as balas. O vendedor de limãozinho chamava-se Galvão e eu estava devendo a ele. Imaginava-o afundando nas areias de Ipanema, vendendo apressado sua última carga, prestando contas na Visconde de Pirajá, e rumando para o Hipódromo da Gávea onde ainda pegaria o quinto páreo, a virada do programa. E nós rearrumando nossas cestas de piquenique, nossos Taurus e Caramurus, o petróleo nosso nas garrafas de Molotov.

Gabeira, Fernando. *O que é isso, companheiro?* Codecri, s/d, pp. 86-7.

SUGESTÕES DE ATIVIDADES

1. Analise a atitude da polícia argentina diante dos operários e dos patrões. Tente entender.

2. Como você reconhece um líder populista? Pesquise as figuras de Perón, Vargas e Adhemar de Barros e tente verificar o que é comum em suas práticas políticas.

3. Pesquise em jornais e revistas e encontre exemplos de atitudes assumidas pelos países membros da Comissão Trilateral que comprovem as intenções e os métodos do trilateralismo.

4. Procure ver como revistas e jornais dos anos 1960/70 apresentam a ação dos guerrilheiros, compare com discursos de militares, policiais, militantes políticos de esquerda e pessoas comuns.

5. Leia O que é isso, companheiro? *de Gabeira e discuta com seus colegas.*

A REDEMOCRATIZAÇÃO FORMAL

Dos anos 60 até fins da década de 70 houve uma proliferação de ditaduras no continente, tanto que, em 1979, apenas México, Costa Rica, Colômbia, Venezuela e República Dominicana eram considerados democráticos. A partir dai, o retorno à democracia formal foi se ampliando a ponto de hoje serem poucos os regimes, unanimemente considerados ditatoriais.

Esse recente processo de abertura política naturalmente foi motivado por diversas razões de ordem internacional e nacional, entre as quais:

1. A alta do petróleo. Desencadeada a partir de 1973, levou o mundo a uma crise e o modelo de desenvolvimento econômico, calcado nos empréstimos estrangeiros adotados pelos países latino-americanos, passou a entrar em colapso, sendo impossível manter por muito tempo a estrutura política repressiva montada sobre ele.

2. A atuação (através das artes, campanhas, passeatas) dos setores populares latino-americanos mais esclarecidos. Ante o fracasso do modelo econômico eles perceberam que era chegado o momento de exigir o retorno à democracia e passaram a pressionar os governos, que acabaram promovendo as chamadas "aberturas".

De modo geral, em função dessas razões, com variantes locais, os países latino-americanos começaram a retornar ao estado de direito a partir de fins dos anos 70.

O *texto 64* procura valorizar os avanços (ainda que limitados) democráticos alcançados pela América Latina após sofrer fases ditatoriais, provando com exemplos concretos, que a humanidade caminha, conquistando espaços, fazendo-nos lembrar dos versos de Pablo Neruda:

Não renuncie ao dia que vos entregam os mortos que lutaram.
Cada espiga nasce de um grão entregue à terra, e como o trigo,

A REDEMOCRATIZAÇÃO FORMAL

o povo inumerável junta raízes, acumula espigas, e na tormenta desencadeada sobe à claridade do universo. (Chegará o dia)

Os *textos 65, 66* e *67* apresentam visões distintas sobre a redemocratização na Argentina. Um deles comenta as expectativas às vésperas da eleição de 1983, que acabou dando a vitória a Raúl Alfonsín, do Partido União Cívica Radical. O outro analisa os primeiros tempos do governo Alfonsín, no que se refere à punição dos militares argentinos. O terceiro apresenta uma análise recente da ação militar no país.

O *texto 68* retrata o começo da abertura uruguaia, em 1984, quando o governo militar passou a soltar os presos políticos, a reduzir a censura e a programar eleições gerais.

64. O LENTO AVANÇO: A CONQUISTA DA DEMOCRACIA

O dicionário político da América Latina está carregado de termos como *cuartelazo, pronunciamiento, alzamiento,* golpe de Estado e o mais recente, *pinochetazo,* para designar um golpe de estado particularmente violento como foi o do general Augusto Pinochet Ugarte, no Chile, em 1973.

O recurso às armas caracteriza um ato de contrarrevolução para manter o povo afastado do poder, mesmo em momentos em que não havia qualquer revolução à vista, e sim, simplesmente, tentativas de ampliar as fronteiras democráticas.

De qualquer forma, a história dessas fronteiras democráticas na América Latina tem sido sempre a de avanços, ainda que irregulares e lentos. Cada vez que há um retrocesso (e foram muitos) na volta à normalidade geralmente é dado um passo além na abertura de espaços democráticos: não há um puro e simples retorno à situação político-democrática vigente no momento em que ocorreu o retrocesso.

O caso do Brasil é, talvez, o mais ilustrativo: durante o curto período democrático que se seguiu à queda da ditadura de Getulio Vargas, em 1945, hastearam-se, entre outras, duas bandeiras fundamentais para a ampliação dos espaços democráticos. Eram a do direito de voto ao analfabeto e a da legalização dos partidos comunistas, mantidos na clandestinidade praticamente desde a fundação do primeiro deles, em 1922, salvo escassos momentos de legalidade.

Até o golpe militar de 1964, nenhuma das duas reivindicações foi conquistada, apesar de o governo João Goulart (61/64) ter se apoiado, entre outras forças, também nos comunistas e de ter erguido, ele próprio, a bandeira do direito de voto aos analfabetos.

Pois bem: com a normalização institucional, embora incompleta, ocorrida em 1985, rapidamente o novo governo legalizou os partidos comunistas (e todas as demais agrupações políticas) e estendeu o direito de voto aos analfabetos.

Em outras palavras, depois de 21 anos de autoritarismo e severas limitações à vigência das liberdades públicas, o Brasil não voltou simplesmente à situação anterior, pré-golpe de 1964. Deu um passo além, certamente insuficiente, mas sempre melhor do que o patamar em que se encontrava em 1964, pelo menos do ponto de vista institucional e dos espaços democráticos abertos.

Outro exemplo é dado pela Argentina. A história argentina dos cinquenta anos após 1930 é marcada por uma incontável sucessão de golpes de Estado, sem que seus autores jamais tivessem sido punidos, seja pelo golpe em si (óbvia violação dos mandamentos constitucionais), seja pelos eventuais crimes praticados no exercício do Poder, especialmente violações aos direitos humanos.

Entretanto, ao voltar à democracia, em 1983, o novo governo civil determinou histórico julgamento das Juntas Militares que se sucederam no poder desde 1976. O julgamento não é histórico pelo fato de que poderosos de certa época tenham sido levados ao banco dos réus, por si só uma cena rara na história do continente. Outros governantes – o general Juan Domingo Péron e sua viúva, Maria Estela Martínez de Perón, para ficar apenas em dois exemplos muito recentes – já haviam sido condenados, anteriormente. Mas, nesses casos, a condenação se deu em julgamentos nitidamente políticos, quando não claramente revanchistas. Tão políticos que foram anulados posteriormente, por decisão igualmente política, de novos governantes.

No caso das Juntas Militares argentinas que governaram o país de 1976 a 1983, usou-se única e exclusivamente o critério jurídico. O tribunal que as condenou baseou-se em provas irrefutáveis e não em argumentos de índole política, necessariamente subjetivos.

A REDEMOCRATIZAÇÃO FORMAL 157

O julgamento e a condenação dos generais argentinos não assegura – é óbvio – que no futuro outros generais não venham a tentar a aventura golpista. Mas marca a ênfase no respeito à lei, seja qual for a importância e o poder do atingido, o que é obviamente essencial para a construção e consolidação de mecanismos democráticos. Avançou-se um passo, pequeno talvez, mas sempre um passo.

Tais avanços são, entretanto, limitados, se se considera que a história da América Latina independente começa, a rigor, em 1825 e no século e meio seguinte progride pouco e lentamente.

Hoje, é comum encontrar ex-guerrilheiros vestindo paletó e gravata nos parlamentos, como o brasileiro José Genoíno Neto, deputado federal eleito em 1982 pelo PT, ou o venezuelano Pompeyo Marques, que saiu do Partido Comunista para a guerrilha e hoje é senador do Movimento ao Socialismo (MAS).

Os "Tupamaros" uruguaios, que tanto ruído fizeram até 1972, são hoje um grupo político atuando à luz do dia, a ponto de terem promovido, em fins de 1985, seu primeiro congresso na legalidade.

Os partidos de centro e centro-esquerda, por sua vez, são, em todo o continente, cada vez mais reformistas, na retórica, e cada vez mais atrapalhados e confusos, na ação prática, principalmente quando chegam ao governo.

Os grupos conservadores – com exceções pouco significativas e localizadas especialmente na América Central – já não usam o linguajar belicista de anos antes e toleram situações que, embora triviais, teriam levado à exacerbação apenas alguns anos antes. O caso do Brasil é ilustrativo: em março de 1986, o Partido Comunista Brasileiro (PCB), pela primeira vez desde a sua fundação nos anos 20, pôde usar a televisão para um programa propagandístico (conforme o direito que a legislação concede a todas as agrupações partidárias legalizadas), sem que houvesse o mais leve abalo político.

Os Estados Unidos, que fizeram de tudo para derrubar um governo esquerdista como o do chileno Allende, continuam atuando da mesma maneira na Nicarágua, contra os sandinistas, mas também ajudam a apear do poder um ultradireitista como o haitiano Baby-Doc. Como não há, com exceção de Cuba e Nicarágua, nenhum outro governo latino-americano em rota de colisão com os interesses

158   JAIME PINSKY/HECTOR BRUIT

centrais de Washington, fica difícil saber como os Estados Unidos
se comportariam se voltassem ao poder políticos reformistas ou populistas, de retórica incendiária e antinorte-americana, como foram
num passado recente o brasileiro João Goulart e o argentino Juan
Domingo Perón.

Rossi, Clovis. *Contrarrevolução na América Latina.* São Paulo/Campinas,
Atual/Edunicamp, 1986, pp. 5-7, 62-64.

65. PODER MILITAR E DEMOCRATIZAÇÃO NA ARGENTINA

Depois de sete anos de ditadura militar, o segundo maior país
da América do Sul vai voltar às mãos de governantes civis, através de
eleições livres. No dia 30 de outubro próximo (1983), 18 milhões de
eleitores irão às urnas para eleger um congresso, 22 governadores de
província, e assembleias locais, prefeitos e vereadores em todo o país.
Mais importante que isso, estarão participando da escolha do presidente da República por meio de um Colégio Eleitoral, que espelhará
a força que cada partido obtiver diretamente das urnas.

"O governo não disputa o poder", disse Bignone, retirado do
anonimato por seus pares há oito meses para presidir a liquidação do
regime militar. "O governo irá entregar o poder através de eleições lim-
pas." Foi esta a forma que as Forças Armadas da Argentina encontraram para sair da formidável embrulhada em que se meteram, consu-
mada pela humilhante derrota militar frente à Inglaterra, que sobreveio
à aventura de invadir as Ilhas Malvinas, em abril do ano passado.

Feitas as eleições de outubro, a posse dos eleitos ocorrerá três
meses depois, encerrando o "Processo de Reorganização Nacional".
Esta é a denominação oficial do golpe que derrubou o caótico governo da presidente Maria Estela Martínez Perón, "Isabelita", em 1976, e
que, bem ao contrário do que o nome indica, levou o país à bancar-
rota econômica, política e moral, fazendo com que o futuro governo
civil receba, na verdade, uma Argentina a braços com a maior crise
de sua história moderna.

A REDEMOCRATIZAÇÃO FORMAL

159

A perspectiva de governar um país insolvente para pagar os 38 bilhões de dólares de sua dívida externa e que acumulou nos últimos doze meses o índice de 244% de inflação, porém, não arrefeceu a impaciência dos políticos para que o governo militar saia de cena o mais rapidamente possível.

Os três meses entre a eleição e a posse do novo governo, porém, foram um ponto do calendário eleitoral em que Bignone não transigiu em diversas reuniões com dirigentes partidários. Esse é o período de que os militares necessitarão para pressionar os políticos em favor de uma transição branda, que assegure cautela nas investigações dos desmandos do regime em troca de silêncio nos quartéis. (...)

O problema mais incômodo (...) não é a economia, e sim a dolorosa questão dos "desaparecidos" – as pessoas assassinadas em ações de repressão política, de 3 mil a 25 mil conforme a fonte da estimativa, e de cujo paradeiro o governo recusa-se a prestar contas. (...)

Qualquer que seja o presidente, saído do peronismo, do radicalismo ou de um dos 26 outros partidos que já pululam na Argentina, ele certamente terá pela frente uma tarefa dificílima. (...)

"A tarefa do futuro governo será a mais árdura já experimentada por qualquer outro governo constitucional", disse à *Veja* o pré-candidato Fernando de la Rua. "Teremos que administrar o desastre de seis anos de regime militar com um governo de união nacional", opina seu rival Raúl Alfonsín. Para o sociólogo José Enrique Minguens. (...)

"O mal da Argentina é que ninguém negocia". De fato, mais difícil do que a atual fase de transição será conduzir o país depois da abertura.

Veja, São Paulo (757): 32-34, 9 de março de 1983.

66. AJUSTE DE CONTAS

Com as prisões da semana passada, o número total de militares argentinos detidos nestes dois meses e meio de governo civil

160 JAIME PINSKY/HECTOR BRUIT

passou a ser, exatamente, nove. Todos eles são da reserva, e nenhum foi preso por qualquer ato de força do Poder Executivo civil – mas sim por ordem do Poder Judiciário ou dos próprios conselhos militares, para responder por delitos previstos em leis que sempre existiram na Argentina. (...)

Apesar de ter levado à prisão personagens do calibre do último presidente militar, o general Reynaldo Bignone, que passou a faixa presidencial ao próprio Alfonsín, e de impedir de sair da Argentina, sem autorização, outros 27 oficiais sob investigação judicial, este movimento está longe de ser um acerto de contas maciço, ou mesmo proporcional ao desastre que os militares impuseram ao país. (...)

O presidente Alfonsín, segundo se insiste no seu círculo íntimo, está pessoalmente empenhado em evitar na Argentina qualquer coisa parecida com um revanchismo cego. Alfonsín recusara, já antes da posse, a ideia extremista de um "julgamento político" da cúpula militar. Preferiu ordenar ao Conselho Supremo das Forças Armadas que julgasse, no estrito âmbito militar, as três juntas militares que comandaram o país de 1976 a 1982, sob a acusação de desrespeito aos direitos humanos, o que inclui o sequestro, tortura e morte de até 30 mil opositores durante a campanha contra *terroristas de esquerda*. Todos os nove membros das três juntas já foram ouvidos, mas nenhum deles foi preso nesse quadro de acusações. "Nós somos juízes e temos que apurar a verdade do que os acusados estão dizendo", afirmou o general Luiz Fages, presidente do Conselho. "O governo não decretará vingança de nenhum tipo", já havia anunciado o presidente Alfonsín.

Tendo convocado a auditoria da Justiça para fechar o balanço desse doloroso período da história argentina, Alfonsín esforça-se agora para conduzir o país através da pesada ressaca de violência política, capaz de evocar a vivida na Alemanha após o nazismo, ou, mais apropriadamente, na França após a guerra da Argélia. Para isso, está sendo vital a restauração do direito à defesa, na prática abolido pelo antigo regime durante seus sete anos de vida. A linha de defesa dos militares envolvidos em atrocidades na Argentina tem sido a de alegar a necessidade de combater inimigos armados – os terroristas – numa guerra não declarada ou, então, que cumpriam ordens. (...)

A REDEMOCRATIZAÇÃO FORMAL

Assessores do ministro da Defesa Raúl Borrás, sustentam que o governo não quer colocar a si próprio de um lado e as Forças Armadas de outro (...). O objetivo da punição dos militares responsáveis por crime é reconstruir a imagem das Forças Armadas, e não enfraquecê-las através de expurgos profundos. Nesse sentido busca-se punir também os civis que recorreram à violência e ao terrorismo. É por isso que foi pedida ao Brasil a extradição do líder do grupo terrorista Montoneros, Mario Firmenich, preso há quinze dias no Rio de Janeiro.

A prudência da Casa Rosada em agir contra seus antigos ocupantes fardados e seus comandados, no entanto, não deixa de levantar críticas. Na semana passada, oito organizações humanitárias argentinas anunciaram que "não aceitam" a jurisdição militar para julgar os oficiais, insistindo na tese de prevalência da Justiça comum. E, num gesto que, na prática, pode beneficiar justamente os acusados, disseram que se recusarão a levar eventuais provas diante dos tribunais militares.

Veja, São Paulo (808): 32-34, 29 fevereiro de 1984.

67. "LOUCOS " E "CORDATOS" SE ENFRENTAM

Dia triste para a Galícia e para Astúrias. Vinte e quatro horas depois de declarar que um militar de sangue galego e asturiano não se rende, o tenente-coronel Aldo Rico (conhecido como o "louco rico") rendeu-se sem disparar um tiro. Nem sequer o tiro na cabeça que o código de honra impõe a um oficial e cavalheiro.

Não foi a única declaração em vão. Seus principais colaboradores na rebelião que começou em Monte Caseros e angustiou a Argentina em janeiro último, o tenente-coronel Héctor Álvarez Igarzábal e o major Jorge Janula, afirmaram: "Se for necessário, morreremos abraçados a uma cruz". A cruz não teve mais sorte que a Galícia e Astúrias. Ao se renderem, os dois golpistas abraçaram-se a dois oficiais leais ao governo, com um típico argentinismo de quem vê amigos de muito tempo: "O que você faz por aqui?"

As crises militares que o presidente Raúl Alfonsín vem enfrentando têm uma mesma característica: o confronto dos militares "cordatos" com os militares "loucos". Ambos têm os mesmos objetivos: acabar com a democracia e impor um regime totalitário. A isto chamam integrar as Forças Armadas ao processo nacional. Em última instância, aceitariam uma democracia que acatasse, disciplinadamente, as ordens dos altos comandos.

"Cordatos" e "loucos" também têm a mesma ideia sobre seus destinos: são chamados a salvar a pátria, primeiro; o mundo, depois. Uma vontade messiânica, outorgada pelo diploma com que ingressam nas academias militares argentinas.

"Cordatos" e "loucos" sabem que são decentes, honestos, católicos, limpos e, geralmente, usam bigode. Coincidem em que o inimigo – os civis – são indecentes, desonestos, judeus-comunistas-maçons, não tomam banho, usam barba espessa, além de óculos. Os únicos civis admissíveis são as mulheres dos militares.

Os dois grupos, que não lutaram no confronto que os militares anunciaram como uma batalha "a sangue e fogo", são nacionalistas e fascistas. Os dois aspiram a que nas praças sejam erguidas estátuas celebrando os torturadores da "guerra suja". A diferença é que os "cordatos" sabem que é necessário elaborar uma estratégia para alcançar seus objetivos num país onde civis desarmados se atrevem a insultar os militares que mostram as caras pintadas, capacetes e metralhadoras. Os "loucos" querem apertar o gatilho agora mesmo.

(...) é possível afirmar seriamente que haverá uma cerimônia civil em 10 de dezembro de 1989 (data da posse do sucessor de Alfonsín). Raúl Alfonsín conseguiu obter o máximo nas precárias condições em que lhe entregaram o poder em 1983. Não foram feitos todos os julgamentos por violação dos direitos humanos que seriam desejáveis, mas houve julgamentos. Não foram condenados todos os militares "loucos" que criaram situações de crise, mas houve condenações e exonerações. Não foi dissolvido o batalhão 601 (espionagem militar), mas muitos de seus colaboradores, dedicados a sequestros extorsivos, estão presos e serão condenados.

A REDEMOCRATIZAÇÃO FORMAL 163

Alfonsín criou uma coalizão civil – incorporando plenamente o peronismo ao jogo democrático –, como não existiu na Argentina neste século. Pode ser até que a Argentina ingresse no século XXI com um regime democrático, civil, pacífico.

Timerman, Jacobo. "'Loucos' e 'cordatos' se enfrentam". *Folha de S. Paulo.* São Paulo, A-18, 21 fev. 1988.

68. URUGUAI NA ENCRUZILHADA

Para negociar a saída do Uruguai do regime ditatorial no qual o país mergulhou há quase onze anos, o governo do general Gregorio "Goyo" Álvarez não segue os passos lentos, graduais e seguros da abertura à brasileira. Também não parece às portas de uma conversão repentina à democracia como a que foi operada na Argentina. Em menos de uma semana, porém, com dois lances simples e ágeis, o regime uruguaio ensaiou passos para uma terceira via na América Latina rumo à abertura política, usando um instrumento de indubitável eficácia: a libertação de seus presos políticos.

Como resultado concreto desse avanço, na quarta-feira passada os advogados Hugo Batalla e Hector Clavijo finalmente receberam da Suprema Corte de Justiça Militar a notificação sobre a iminente soltura do ex-general e ex-candidato presidencial uruguaio Liber Seregni, preso há oito anos – e talvez a mais ilustre personalidade ainda mantida nos cárceres latino-americanos por motivos estritamente políticos. Pouco antes, na noite de domingo, os militares haviam efetivado a libertação de outro célebre preso político uruguaio, José Luis Massera, matemático internacionalmente respeitado e ex-secretário do Partido Comunista do Uruguai. As primeiras declarações do líder comunista foram para pedir em favor dos outros presos políticos do país, em especial o velho general Seregni.

Atualmente com 67 anos de idade, e após ter passado a maior parte dos últimos dez anos (com exceção de alguns meses) no Cárcere Central de Montevidéu, Seregni é um dos casos exemplares da história dos direitos humanos da América Latina. Preso em julho de

164 JAIME PINSKY/HECTOR BRUIT

1973, por divergir do então presidente Juan María Bordaberry, o civil que, teleguiado pelos militares, deu início à ditadura. Seregni, antigo comandante da I Região Militar do Uruguai, continuava até agora a ser tratado como "terrorista e subversivo", segundo expressão recente do ministro do Trabalho uruguaio, coronel Nestor Bolentini. Na verdade, o crime de Seregni foi ter sido candidato à presidência numa frente da qual participavam as forças de esquerda do Uruguai – e, posteriormente, ter condenado o golpe militar que criou o atual regime.

A soltura de Seregni, agora, está sendo considerada uma peça importante para que a abertura uruguaia marche razoavelmente engrenada. Ela faria parte de um pacote cruelmente amarrado nos últimos meses, de modo a satisfazer os diversos setores de peso dentro da vida política uruguaia, entre os quais o próprio presidente Álvarez e grupos militares descontentes com a situação do Uruguai, que já estariam também mantendo conversações por baixo do pano com os partidos políticos.

(...) Não está clara, ainda, qual será a composição exata desse pacote, devido às ambiguidades próprias do projeto político em andamento no Uruguai. (...) O fim da censura previa, por sua vez, decretado no mês passado, padece de inconstância semelhante: as agências de notícias ainda recebem a visita de um censor a cada três dias (até recentemente eram obrigadas a enviar seus noticiários diariamente à Censura) enquanto os jornais continuam correndo risco permanente de suspensão, se publicarem material considerado inaceitável pelo regime.

Este é o drama dos militares uruguaios: embora tenham um cronograma prevendo eleições gerais em novembro próximo, e a consequente volta dos generais aos quartéis, eles não conseguiram ainda alinhavar com precisão as peças do mecanismo de retorno à institucionalidade.

O andamento da economia nacional não tem facilitado as coisas, é verdade. A dívida externa uruguaia, em termos proporcionais, é maior do que a brasileira, atingindo no ano passado 4,5 bilhões de dólares para uma população de menos de 3 milhões de habitantes. Dos 22 bancos do país, vinte são estrangeiros, e uma severa recessão vem estrangulando progressivamente a atividade econômica: o Uruguai, que chegou a comprar 3.000 tratores por ano do Brasil, importou apenas três no ano passado. O desemprego no setor privado

A REDEMOCRATIZAÇÃO FORMAL

chegou à marca alarmante dos 30% (...) há pessoas recebendo seus salários em produtos que elas mesmas fabricam. Ainda assim, a principal dificuldade do regime é institucional. O Uruguai é hoje um dos Estados mais fechados da América Latina. Além de ter sofrido o êxodo de meio milhão de pessoas, e de contar com cerca de mil presos políticos, há também doze mil pessoas com direitos cassados no país. O regime chegou a um nível de sofisticação em que mantém uma lista computadorizada de toda a população, classificando-a por letras. Os cidadãos agraciados com a letra "A" estão acima de qualquer suspeita; os que têm a tarja "B" são parcialmente suspeitos; os que recebem um "C" são párias, não podem estudar em escolas públicas nem trabalhar em repartições públicas do governo.

Veja, São Paulo (810): 40-41, 14 de março de 1984.

SUGESTÕES DE ATIVIDADES

1. Você acha o avanço democrático no continente verdadeiramente lento? Em caso positivo, como você conduziria o processo político?

2. Estabeleça relação entre os textos 65, 66 e 67.

3. Pesquise em jornais e revistas e demonstre como vêm se desenrolando a abertura no Uruguai, apresentando os avanços e recuos a partir de 1984, data do artigo que compõe o texto 68.

4. Pesquise e faça sua própria avaliação do processo de abertura política no Brasil.

DIREITOS HUMANOS

A violência sempre esteve presente na história da Humanidade como instrumento de imposição dos direitos e das vontades dos mais fortes. Na América Latina, esse instrumento foi cotidianamente usado desde a chegada dos europeus e, no período de colonização, como forma de conquistar os índios, escravizando-os e obrigando-os a se submeterem ao seu poder.

Desde aqueles tempos, os direitos humanos jamais foram respeitados e a violência usada pelos detentores do poder político deu fim a muitos indivíduos que se colocaram contra o regime vigente.

Um dos artifícios mais usados para manter a "ordem política" tem sido a tortura. Ela é um meio que serve para obrigar os indivíduos a falar ou a fazer aquilo que outros querem. Além disso, ela serve para destruir psicologicamente os indivíduos, levando-os ao grau máximo da degradação humana.

A tortura foi retomada em grande escala pelas ditaduras militares latino-americanas nas décadas de 1960 e 1970. Ela foi responsável pelo "desaparecimento" de milhares de indivíduos, homens, mulheres e crianças que, em muitos casos, não tinha nenhuma relação com a "briga" política. Além disso, ela deixou a sua marca, tanto física como psicológica naqueles que direta ou indiretamente passaram pelas mãos dos torturadores.

Mesmo hoje, a violência não deixou de ser praticada e os direitos humanos ainda não são respeitados em sua íntegra nos países americanos. Com isso, o poder do mais forte ainda prevalece, calando a boca daqueles que se atrevem a se colocar contra o seu regime.

O *texto 69* descreve a execução de Tupac Amaru, um mestiço peruano que se dizia descendente do Inca. Foi morto porque ousou levantar o seu povo contra a escravidão a que os espanhóis o submetiam.

DIREITOS HUMANOS 167

O *texto 70* relata as formas de trabalho nas minas de prata de Potosi e sua relação com a exploração espanhola, deixando a nu a hipocrisia da alegada proteção que os reis espanhóis teriam dado a "seus" índios.

O *texto 71* fala da repressão no Brasil, segundo livro de depoimentos coordenado pelo arcebispo de São Paulo, D. Paulo Evaristo Arns.

Os *textos 72 e 73* falam de duas situações pungentes na Argentina: avós em busca de netos, filhos de casais "desaparecidos" durante a repressão e um massacre de adolescentes de 14 a 17 anos projetado pelos militares argentinos.

69. A SENTENÇA DE TUPAC AMARU

A tristemente celebre sentença contra Tupac Amaru foi ditada em 17 de maio de 1781. (...)

O documento que relata a execução dessa horrorosa sentença alude forçosamente a seus detalhes, quais sejam: "Na sexta-feira 18 de maio de 1781, depois de haver cercado a praça com as milícias desta cidade de Cuzco, (...) saíram a um tempo e um após outro vinham com seus grilhões e esposas. (...) Acompanhados dos sacerdotes que os auxiliavam e sob a custódia da guarda correspondente, chegaram todos ao pé da forca e foram dados por meio de dois carrascos as seguintes mortes:

A Verdejo, Castelo e Bastidas enforcaram-nos simplesmente. A Francisco Tupac Amaru, tio do insurgente e a seu filho Hipólito cortaram-lhes a língua antes de jogá-los da escada da forca; e à índia Condemaita se lhes aplicou o garrote em uma cadeira alta que estava disposta, com ponta de ferro que para este fim fora feita e que jamais havíamos visto por aqui. Havendo o índio e sua mulher visto com seus olhos executar esses suplícios até em seu filho Hipólito, que foi o último que subiu à forca, logo subiu a índia Micaela ao tablado, onde assim mesmo, na presença do marido, se lhe cortou a língua e se lhe aplicou o garrote, no qual padeceu infinitamente, porque tendo o pescoço mui delicado não podia a ponta enforcá-la e foi mister que os carrascos, atando-lhe laços ao pescoço, tirando de uma e

168 JAIME PINSKY/HECTOR BRUIT

outra parte e dando-lhe patadas nos estômago e peito, a acabassem de matar. Terminou a função o rebelde José Gabriel, a quem se levou ao meio da praça. Ali cortou-lhe a língua o verdugo e despojando dos grilhões e [das] esposas, puseram-no ao solo, ataram-lhe às mãos e [aos] pés quatro laços, e amarrados à corda de quatro cavalos tiravam quatro mestiços a quatro distintas direções. Espetáculo que jamais se havia visto nesta cidade. Não sei se porque os cavalos não fossem muito fortes ou o índio, em realidade, fosse de ferro, não puderam absolutamente dividi-lo; depois que um longo tempo o tivessem estirado, de modo que o tinham no ar em um estado que parecia aranha, tanto que o Visitador, movido de compaixão, para que não padecesse mais aquele infeliz, despachou da Companhia [a partir de onde dirigia a execução] uma ordem, mandando (que) lhe cortasse o carrasco a cabeça, como se fez. Depois se levou o corpo [para] debaixo da forca, onde se lhe tiraram os braços e os pés. Isto mesmo se fez com a mulher, e aos demais se lhes tiraram as cabeças para mandá-las a diversos povos. Os corpos do índio e [de] sua mulher foram levados a Picchu, onde estava formada uma fogueira na qual foram jogados e reduzidos a cinzas, as quais se jogaram ao riacho que ali corre. Deste modo acabaram José Gabriel Tupac Amaru e Micaela Bastidas, cuja soberba e arrogância chegou a tanto que se denominaram reis do Peru, Chile, Quito, Tucuan e outras partes, até incluir o grande Paitití, com loucuras a este tom.

Nesse dia concorreu um grande número de gente, mas ninguém gritou nem levantou uma voz. Muitos observavam, e eu entre eles, que entre tanta gente não se viam índios, ao menos nos trajes que eles usam; e se houve alguns, estariam disfarçados com capas e ponchos.

Olivia de Coll, José F. *A resistência indígena do México à Patagônia, a história da luta dos índios contra os conquistadores.* Porto Alegre, L&PM, 1986, pp. 210-12.

70. A VIOLÊNCIA DOS CONQUISTADORES

Em 1581, Filipe II afirmara, perante um tribunal de Guadalajara, que um terço dos indígenas da América já tinha sido aniquilado, e

DIREITOS HUMANOS 169

aqueles que ainda viviam eram obrigados a pagar tributos pelos mortos. O monarca disse, além disso, que os índios eram comprados e vendidos. Que dormiam na intempérie. Que as mães matavam seus filhos para salvá-los do tormento nas minas. Mas a hipocrisia da Coroa tinha menos limites que o Império: a Coroa recebia uma quinta parte do valor dos metais que seus súditos arrancavam por toda a extensão do Novo Mundo hispânico, além de outros impostos; o mesmo acontecia, no século XVII, com a Coroa portuguesa em terras do Brasil. A prata e o ouro da América penetraram como um ácido corrosivo, no dizer de Engels, por todos os poros da sociedade feudal moribunda na Europa; a serviço do nascente mercantilismo capitalista os empresários mineiros converteram os índios e escravos negros em numerosíssimo "proletariado externo" da economia europeia. (...)

O metal brotava sem cessar dos filões americanos, e da corte espanhola chegavam, também sem cessar, ordenações que outorgavam uma proteção de papel e uma "dignidade de tinta" aos indígenas, cujo trabalho extenuante sustentava o reino. A ficção da legalidade amparava o índio; a exploração da realidade sangrava-o. Da escravidão à *encomienda* de serviços, e desta a tributos e ao regime de salários, as variantes da condição jurídica da mão de obra indígena só alteraram superficialmente sua situação real. A Coroa considerava tão necessária a exploração desumana da força de trabalho aborígine, que em 1601 Filipe III ditou regras proibindo o trabalho forçado nas minas e, simultaneamente, enviou instruções secretas ordenando continuá-lo "em caso de aquela medida fizer fraquejar a produção". Do mesmo modo, entre 1616 e 1619, o visitador e governador Juan de Solórzano fez uma investigação sobre as condições de trabalho nas minas de mercúrio de Huancavélica:" ... o veneno penetrava na medula, debilitando todos os membros e provocando um tremor constante, morrendo os operários, em geral, no espaço de quatro anos", informou ao Conselho das Índias e ao monarca. Mas, em 1631, Filipe IV ordenou que se continuasse com o mesmo sistema, e seu sucessor, Carlos II, renovou o decreto tempos depois. Estas minas eram diretamente exploradas pela Coroa, ao contrário das minas de prata, que estavam em mãos de empresários privados.

Em trezentos anos, a rica montanha de Potosí queimou, segundo Josiah Conder, oito milhões de vidas. Os índios eram arrancados das comunidades agrícolas e empurrados, junto com suas mulheres e seus filhos, rumo às minas. De cada dez que iam aos altos páramos gelados, sete nunca regressavam, (...) Muitos dos índios morriam pelo caminho, antes de chegar a Potosí, Mas eram as terríveis condições de trabalho na mina que mais gente matavam. O frei dominicano Domingo de Santo Tomás denunciava ao Conselho das Índias, em 1550, logo do aparecimento da mina, que Potosí era uma "boca do inferno" que anualmente tragava índios aos milhares e milhares e que os rapazes mineiros tratavam os naturais "como a animais sem dono".

Galeano, Eduardo. *As veias abertas da América Latina*. 2ª edição, Rio de Janeiro, Paz e Terra, 1978, pp. 49-51.

71. A REPRESSÃO NO BRASIL

Depoimento (em 1977) de Elza Maria Pereira Lianza, 25 anos, engenheira, que esteve presa no Rio de Janeiro: (...) que a interrogada foi submetida a choques elétricos em vários lugares do corpo, inclusive nos braços, nas pernas e na vagina; que o marido da interrogada teve oportunidade de presenciar essas cenas relacionadas com choques elétricos e os torturadores amplificavam os gritos da interrogada, para que os mesmos fossem ouvidos pelo seu marido.

Depoimento (em 1970) de Apio Costa Rosa, 28 anos, bancário, preso em Belo Horizonte: (...) que em determinada oportunidade foi-lhe introduzido no ânus pelas autoridades policiais um objeto parecido com um limpador de garrafas; que em outra oportunidade essas mesmas autoridades determinaram que o interrogado permanecesse em pé sobre latas, posição em que vez por outra recebia murros, queimaduras de cigarros; que a isso as autoridades davam o nome de Vietnã; que o interrogado mostrou a este Conselho uma marca à altura do abdômen como tendo sido lesão que fora produzida pelas autoridades policiais (gilete).

Depoimento (em 1973) de Maria José de Souza Barros, camponesa, cujo marido foi preso no Ceará: (...) e ainda levaram seu filho para o mato, judiaram com o menino, com a finalidade de dar conta de

DIREITOS HUMANOS

seu marido; que o menino se chama Francisco de Souza Barros e tem a idade de nove anos; que a polícia levou o menino às cinco horas da tarde e somente voltou com eles às duas da madrugada mais ou menos.

Depoimento (em 1970) de Maria Mendes Barbosa, 28 anos, professora presa em Minas Gerais: (...) nua, foi obrigada a desfilar na presença de todos, desta ou daquela forma, havendo, ao mesmo tempo, o capitão Portela, nessa oportunidade, beliscando os mamilos da interrogada até quase produzir sangue; que, além disso, (...) foi, através de um cacetete, tentada a violação de seu órgão genital; que ainda, naquela oportunidade, os seus torturadores faziam a autopromoção de suas possibilidades na satisfação de uma mulher, para a interrogada, e depois fizeram uma espécie de sorteio para que ela, interrogada, escolhesse um deles.

Arns, P. Evaristo. *Brasil: nunca mais.* 2ª Edição, Petrópolis, Vozes, 1985, pp. 40-48.

72. AVÓS EM BUSCA DOS NETOS

As Avós da Praça de Maio têm tido mais sorte do que as Mães. Desde 1977, quando iniciaram seu movimento, as mulheres argentinas em busca dos filhos sequestrados não conseguiram encontrar um único "desaparecido". Nesse mesmo período, as Avós da Praça de Maio descobriram 28 das 180 crianças sequestradas junto com seus pais ou nascidas nas prisões clandestinas do regime militar. Algumas delas haviam sido adotadas pelos próprios responsáveis pela morte de seus pais verdadeiros. "É uma busca quase louca, na qual não se pode desperdiçar o menor boato", diz a presidente do grupo das Avós da Praça de Maio, Maria Isabel de Mariani.

O caso mais recente e espetacular veio à luz no último domingo de agosto passado. Nesse dia Matilde Artés Company reencontrou-se numa sala de tribunal com sua neta, Carla Graciela, hoje com dez anos. Os pais de Carla morreram sob tortura quando ela tinha apenas um ano e a menina foi adotada por um agente do regime militar atualmente preso sob acusação de envolvimento em dezenas de assassinatos. Ao ver Matilde pela primeira vez Carla perguntou: "Você é minha avó? Por que demorou tanto?".

Essa tragédia tem outra face, menos conhecida: os distúrbios sofridos pelas crianças que testemunharam o sequestro dos pais. Um grupo de psicólogos que acompanha esses casos constatou que 67% das crianças sofrem de pesadelos constantes e 71% demonstram "passividade intelectual e emocional". Há casos piores. Um menino de 12 anos, que passava horas diante da janela aguardando em vão o regresso dos pais e de quatro tios sequestrados, foi encontrado morto na cama, certa manhã. O atestado de óbito registrou a causa: parada cardíaca.

Veja, São Paulo (902); 63, 18 de dezembro de 1985.

73. A NOITE DOS LÁPIS

A ditadura militar argentina começou a pretexto de eliminar a subversão e terminou matando crianças. Na terça-feira passada, Pablo Diaz, 25 anos, relatou aos juízes, num tribunal tomado pela emoção, como ele e outros nove ginasianos adolescentes – todos na época com idades entre 14 e 17 anos – foram torturados e a maioria morta no que ficou conhecido como a "noite dos lápis". Numa noite de setembro de 1976, Diaz e seus colegas foram sequestrados em suas casas porque tinham tido a ideia de fazer uma manifestação de rua pedindo a introdução de passes escolares nos transportes públicos. "Me disseram que eu ia conhecer a máquina da verdade", recordou ele, "e fiquei aliviado, pois imaginei que a máquina, que eu conhecia do cinema, iria me inocentar. Pensei que fosse um detector de mentiras. Na verdade, me queimaram os lábios com choques elétricos".

Foi só o começo. Pablo Diaz viveu quatro anos em calabouços clandestinos, quase sempre nu, de olhos vendados e com as mãos atadas nas costas por uma corda presa também ao seu pescoço. Quando baixava as mãos, se asfixiava. Seu relato, entre soluços, foi tão comovente e impressionante que os ventiladores elétricos no tribunal foram desligados para não perturbar o silêncio profundo da sala durante os 100 minutos do seu depoimento.

DIREITOS HUMANOS

Diaz recordou como numa noite contou trinta mil passos que deu, na pequena cela, coberta com dez centímetros de água, onde fora colocado. De outra feita, ele e algumas garotas do grupo foram colocados contra uma parede, supostamente para serem fuzilados. As meninas choravam, uma gritou: "Vivam os montoneros". Outra berrou: "Mamãe vão me matar". Houve a descarga dos tiros, com balas de festim, e então Diaz ouviu um oficial dizer à menina que gritara o viva aos montoneros: "Vamos te arrasar, agora". Só Pablo Diaz e dois colegas sobreviveram.

Veja, São Paulo, (872): 43, 22 maio de 1985.

SUGESTÕES DE ATIVIDADES

1. Faça uma pesquisa em jornais e revistas e apresente casos concretos de desrespeito aos direitos humanos hoje, destacando os países onde isso ocorre. Debata com seus colegas de classe e, juntos, organizem um painel evidenciando num mapa da América Latina, os países mais citados.

2. Faça um levantamento das músicas, filmes, peças teatrais e outras obras de arte que tratem da tortura ou dos direitos humanos. No caso das músicas, procure ouvi-las e analisá-las com seus colegas de equipe. No caso dos filmes e peças teatrais, tente assisti-los e debatê-los.

3. Assista o filme argentino História Oficial *e debata junto com a classe a partir da leitura do texto 72.*

4. Discuta a influência do sistema político e do caráter humano na violência institucional.

5. Procure se lembrar ou de conversar com as pessoas sobre situações em que se viram constrangidas diante da violência oficial.

CADASTRE-SE
EM NOSSO SITE,
FIQUE POR DENTRO DAS NOVIDADES
E APROVEITE OS MELHORES DESCONTOS

LIVROS NAS ÁREAS DE:

História | Língua Portuguesa
Educação | Geografia | Comunicação
Relações Internacionais | Ciências Sociais
Formação de professor | Interesse geral

ou
editoracontexto.com.br/newscontexto

Siga a Contexto
nas Redes Sociais:
@editoracontexto